PETITE

# HISTOIRE MODERNE

POUR LE PREMIER AGE

Par G. BELEZE

ANCIEN CHEF D'INSTITUTION A PARIS.

PARIS.

IMPRIMERIE ET LIBRAIRIE CLASSIQUES

De JULES DELALAIN et FILS

RUE DES ÉCOLES, VIS-A-VIS DE LA SORBONNE.

# PETITE
# HISTOIRE MODERNE.

PETITE

# HISTOIRE MODERNE

POUR LE PREMIER AGE.

Par G. BELEZE

ANCIEN CHEF D'INSTITUTION A PARIS.

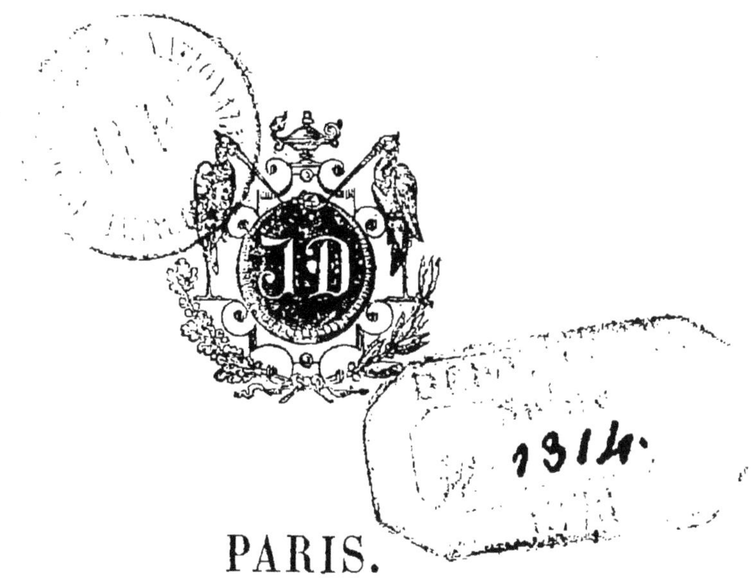



PARIS.

IMPRIMERIE ET LIBRAIRIE CLASSIQUES

De JULES DELALAIN et FILS

RUE DES ÉCOLES, VIS-A-VIS DE LA SORBONNE.

*Les contrefacteurs ou débitants de contrefaçons seront poursuivis conformément aux lois; tous les exemplaires sont revêtus de notre griffe.*

*Jules Delalain et Fils*

1873.

# PETITE
# HISTOIRE MODERNE.

## CHAPITRE PREMIER.

Empire ottoman. — Établissement des Turcs à Constantinople. Mahomet II. Siége de Belgrade : conquête de l'Albanie. — Guerre contre les Vénitiens. Siége de Rhodes. Mort de Mahomet II. — Bajazet II. Sélim Ier. Conquête de la Syrie et de l'Égypte.

**1. Établissement des Turcs à Constantinople. Mahomet II. Siége de Belgrade; conquête de l'Albanie.** — La prise de Constantinople, en 1453, avait fait passer l'empire grec sous la domination des Turcs. Maître de cette grande ville, dont il fit sa capitale, le sultan Mahomet II voulut ajouter de nouvelles provinces à ses États. Avec une armée de cent cinquante mille hommes et une formidable artillerie, il alla assiéger Belgrade, qui était le boulevard de la Hongrie et de la chrétienté. Heureusement cette ville avait pour défenseur un héros, Jean Huniade, tuteur du jeune roi de Hongrie, Ladislas le Posthume. Les habitants, animés par l'exemple d'Huniade, re-

QUESTIONS. — 1. Avec quelles forces Mahomet II assiégea-t-il Belgrade? — Par qui cette ville fut-elle défendue? — Contre quel pays le sultan tourna-t-il ensuite

poussèrent toutes les attaques des Turcs. Dans un dernier et sanglant assaut, Mahomet II fut blessé et forcé de se retirer après avoir perdu un grand nombre de ses meilleurs soldats. Huniade survécut peu à son triomphe : il mourut des suites de ses blessures. Mahomet, arrêté et vaincu au nord, se rejeta vers le sud et attaqua l'Albanie, située le long de la côte orientale de la mer Adriatique. Là, il trouva encore un vaillant et rude adversaire, Georges Castriot, appelé Scanderbeg par les Turcs. En même temps, le digne fils de Jean Huniade, Mathias Corvin, que les Hongrois avaient élevé au trône, s'unissait aux Vénitiens pour combattre les ennemis des chrétiens. Scanderbeg fit éprouver trois grandes défaites aux lieutenants de Mahomet. Le sultan se mit lui-même à la tête d'une nouvelle armée et assiégea Croïa, capitale de l'Albanie. Scanderbeg le vainquit et le força de fuir. Malheureusement ce héros fut emporté par la fièvre, et sa mort ouvrit aux Turcs l'Albanie, dont toutefois ils n'achevèrent la conquête qu'en **1478**, après la soumission de Croïa.

2. **Guerre contre les Vénitiens. Siége de Rhodes. Mort de Mahomet II.** — Mahomet II poursuivit la guerre contre Venise. Après avoir pris d'assaut la ville de Négrepont en Eubée, il envahit le territoire vénitien; arrêté quelque temps par Étienne, prince de Moldavie, qui le défit à Scu-

ses armes? — Quels adversaires eut-il à combattre? — Comment l'Albanie fut-elle soumise? — 2. Quel fut le résultat de la guerre de Mahomet II contre Venise? — Ra-

tari et à Lépante, il finit par pénétrer plus avant et poussa ses ravages jusqu'à la Piave[1]. Venise, trop faible pour lui résister, implora la paix et se soumit à lui payer un tribut (1479).

L'infatigable sultan envoya son grand vizir assiéger l'île de Rhodes avec une flotte de cent soixante vaisseaux et cent mille hommes de troupes. Cette île fut héroïquement défendue par les chevaliers de Saint-Jean de Jérusalem, qui depuis longtemps s'y étaient établis, et qui avaient alors pour grand maître Pierre d'Aubusson. Après trois mois d'efforts inutiles, le grand vizir fut forcé de lever le siége et de se rembarquer. Mahomet préparait contre Rhodes un second armement, lorsqu'il mourut à Nicomédie (1481).

**3. Bajazet II. Sélim Ier. Conquête de la Syrie et de l'Égypte.** — Mahomet II laissait deux fils, Bajazet et Zizim. Ce dernier disputa la couronne à son frère et fit révolter une partie des troupes en sa faveur; mais il fut vaincu et forcé de fuir : il alla demander asile aux chevaliers de Rhodes. Bajazet II fit successivement la conquête de la Bosnie, de la Croatie et de la Moldavie; puis, renonçant tout à coup à la guerre, il voulut se livrer à son goût pour les lettres : ses soldats le déposèrent et proclamèrent pour sultan Sélim,

contez le siége de Rhodes. — 3. Qui disputa la couronne à Bajazet ? — Quel fut le sort de Zizim ? — Pour quel motif et par qui Bajazet fut-il détrôné ? — De quels

1. Rivière d'Italie qui se jette dans la mer Adriatique.

son troisième fils, qui les avait soulevés. Sélim fit empoisonner son malheureux père et mettre à mort ses deux frères, inaugurant ainsi son règne par les crimes les plus affreux (1512).

Après une invasion en Perse, où il signala son passage par d'horribles cruautés, Sélim tourna ses armes contre la Syrie et l'Égypte, qui étaient au pouvoir des mamelucks. Ceux-ci furent vaincus près d'Alep. La trahison des gouverneurs d'Alep et de Damas livra ces deux villes au sultan, et toute la Syrie se soumit au vainqueur (1516). Deux nouvelles victoires remportées sur les mamelucks, l'une à Gaza, l'autre près du Caire, donnèrent l'Égypte à Sélim. L'Arabie passa aussi sous la domination des Turcs, et le sultan reçut solennellement au Caire les clefs de la Mecque et l'étendard de Mahomet. En même temps, le roi d'Alger, attaqué par les Espagnols, et désespérant de pouvoir leur résister, se mettait sous la protection de Sélim et le reconnaissait pour son souverain, en renonçant lui-même au titre de roi. Rentré à Constantinople, Sélim se préparait à de nouvelles conquêtes lorsqu'il mourut, laissant le trône à son fils Soliman II, surnommé le Magnifique (1520). En quelques années, Sélim Ier avait doublé l'étendue de l'empire ottoman.

crimes Sélim se souilla-t-il ? — Racontez les conquêtes de ce prince.

## CHAPITRE II.

France. — Dernières années du règne de Charles VII. Louis XI. Ligue du bien public. Entrevue de Péronne. Charles le Téméraire. — Ambition et mort de Charles le Téméraire. Traité d'Arras. Provinces réunies à la couronne. — Charles VIII. Régence d'Anne de Beaujeu ; la guerre folle. Mariage de Charles VIII et d'Anne de Bretagne.

**4. Dernières années du règne de Charles VII. Louis XI. Ligue du bien public. Entrevue de Péronne. Charles le Téméraire.** — En 1453, la guerre de Cent ans était finie, et la France délivrée de la domination anglaise. Charles VII employa les dernières années de son règne à rétablir l'ordre dans l'administration du royaume. Les finances et l'armée reçurnt une organisation nouvelle : un impôt perpétuel de 1,200,000 livres par an assura désormais la solde régulière des troupes. Des réformes utiles furent aussi introduites dans la législation.

Louis XI était âgé de trente-huit ans lorsqu'il succéda à son père Charles VII (1461). Actif, doué d'un caractère énergique, mais astucieux et perfide, ce prince voulait abaisser les grandes maisons féodales, parmi lesquelles les plus puissantes étaient les maisons de Bourgogne, d'Anjou, de Bretagne. Ses premiers actes ne furent pas heu-

QUESTIONS. — 4. Comment Charles VII employa-t-il les dernières années de son règne ? — Quel était le ca-

reux : il mécontenta le peuple en augmentant les impôts, et la noblesse en attaquant ses priviléges. Les grands vassaux et beaucoup de seigneurs ayant à leur tête le duc de Berry, frère du roi, formèrent une ligue à laquelle ils donnèrent le nom de *ligue du bien public*, pour mieux tromper le peuple, car ils ne songeaient qu'à leurs propres intérêts. Ils prirent les armes et engagèrent contre l'armée royale, près de Montlhéry, une bataille dont l'issue resta indécise. Louis XI, qui avait bravement combattu, rentra dans Paris et entama des négociations. Par les traités de Conflans et de Saint-Maur (1465), il accorda des avantages considérables aux princes et aux autres seigneurs confédérés, mais avec la pensée de ne pas tenir ses engagements.

Louis XI réussit à détacher de la ligue des seigneurs le duc de Bretagne, François II, et le duc de Berry, auquel il avait d'abord cédé, puis repris le duché de Normandie. Alors, il se décida à aller trouver à Péronne son plus redoutable ennemi, Charles le Téméraire, duc de Bourgogne, pour régler leur différend. C'était une grave imprudence, car, dans le même moment, le duc apprenait que les Liégeois, ses sujets, secrètement excités par le roi de France, s'étaient soulevés. Charles, irrité, fit enfermer Louis XI dans la tour où Charles le Simple avait autrefois misérablement péri, et il ne lui rendit la liberté qu'après

ractère de Louis XI? — Que firent les grands vassaux? — Comment Louis XI réussit-il à dissoudre leur ligue? — Racontez son entrevue avec le duc de Bourgogne à

lui avoir imposé, par le traité de Péronne, les conditions les plus humiliantes (1468).

**5. Ambition et mort de Charles le Téméraire. Traité d'Arras. Provinces réunies à la couronne.** — A peine libre, Louis XI fit annuler par une assemblée de notables à Tours le traité de Péronne. Le duc de Bourgogne recommença la guerre et assiégea Beauvais. Cette ville fut héroïquement défendue par les habitants; les femmes se montrèrent aussi vaillantes que les hommes : l'une d'elles, nommée Jeanne Hachette (27 juin 1472), arracha des mains d'un soldat ennemi une bannière déjà plantée sur le rempart. Le duc de Bourgogne fut forcé de lever le siége, et peu après il signa une trêve à Senlis (1473).

Charles le Téméraire nourrissait depuis longtemps des desseins ambitieux. Il voulait former de ses États un royaume, en y ajoutant la Lorraine et la Suisse. Après avoir enlevé la Lorraine au duc René II, il tourna ses armes contre les Suisses; mais ces rudes montagnards, animés de l'amour de la liberté, lui firent essuyer deux sanglantes défaites, l'une à Granson, l'autre à Morat (1476). Alors la Lorraine se souleva et rappela le duc René. Charles le Téméraire, ayant rassemblé à la hâte six mille mercenaires, alla assiéger Nancy en plein hiver ; il fut vaincu et tué devant cette ville (1477).

Péronne. — 5. Racontez le siége de Beauvais. — Quels étaient les desseins ambitieux de Charles le Téméraire? — Quelle fut l'issue de ses entreprises? — Comment

Charles ne laissait qu'une fille, la princesse Marie, âgée de vingt ans. Louis XI s'empara aussitôt de la Bourgogne et fit occuper par ses troupes la Picardie, l'Artois et la Franche-Comté. La princesse Marie, pour défendre son héritage, épousa Maximilien d'Autriche, fils de l'empereur d'Allemagne. Une guerre s'ensuivit ; elle fut terminée par le traité d'Arras (1482), qui laissait au roi de France les provinces dont la possession lui était contestée. Outre ces provinces, Louis XI avait encore ajouté au domaine royal la Guyenne, par la mort de son frère ; la Provence, l'Anjou et le Maine, par l'extinction de la maison d'Anjou ; le Roussillon et la Cerdagne, que le roi d'Aragon lui céda moyennant finances ; enfin, les vastes domaines des ducs d'Alençon et de Nemours, des comtes d'Armagnac et de Saint-Pol, condamnés, pour crime de trahison, à perdre la vie et leurs biens. Louis XI avait donc, par son habile politique, ruiné les grandes maisons féodales et constitué l'unité territoriale de la France ; mais il faut dire aussi que, pour arriver à son but, il employa souvent des moyens que la morale réprouve.

**6. Charles VIII. Régence d'Anne de Beaujeu ; la guerre folle. Mariage de Charles VIII et d'Anne de Bretagne.** — Le fils de Louis XI, Charles VIII, lui succéda en 1483 ; il n'avait que treize ans. Sa sœur aînée, Anne de Beaujeu, à laquelle Louis XI

Louis XI profita-t-il de la mort du duc de Bourgogne ? — Quelles provinces réunit-il à la couronne ? — 6. A qui fut donnée la régence pendant la minorité de Char-

avait laissé la tutelle du jeune roi, avait les qualités de son père sans en avoir les défauts. Elle se fit donner la régence par les états généraux assemblés à Tours (1484). Louis, duc d'Orléans, premier prince du sang, mécontent de la décision des états, prit les armes, s'assura l'appui du duc de Bretagne François II et entraîna dans sa révolte les seigneurs les plus puissants. Cette entreprise fut nommée la *guerre folle*. Anne de Beaujeu ne s'effraye point des dangers qui menacent son autorité. Elle fait déclarer traîtres tous ceux qui ont suivi le duc d'Orléans, et prend aussitôt les mesures les plus prévoyantes pour résister partout à ses ennemis. Les troupes royales, commandées par Louis de la Trémouille, mettent en déroute l'armée des rebelles à la bataille de Saint-Aubin-du-Cormier, en Bretagne (1488). Le duc d'Orléans fut fait prisonnier et enfermé dans la tour de Bourges, où il resta deux ans.

Le duc de Bretagne, François II, mourut en 1490, laissant pour héritière sa fille Anne, âgée de quatorze ans. La sage régente de France ne voulut pas laisser passer cette riche province dans des mains étrangères. Malgré tous les obstacles qu'elle rencontra, elle réussit à marier son frère Charles VIII avec la jeune duchesse (1491). Aux termes du contrat de mariage, Anne de Bretagne, si elle devenait veuve, ne devait pas

les VIII ? — Qu'est-ce que la *guerre folle?* — Quelle en fut l'issue ? — Comment Anne de Beaujeu sut-elle rattacher la Bretagne à la couronne de France?

épouser d'autre prince que l'héritier de la couronne de France : ce fut là le dernier acte politique de la régence de madame de Beaujeu.

---

## CHAPITRE III.

Angleterre. — Henri VI. Guerre des deux Roses. Usurpation de Richard d'York. — Bataille de Wakefield. Mort de Richard; fuite et dangers de la reine Marguerite. — Le comte de Warwick; sa défaite et sa mort. Dernières années du règne d'Édouard IV.

7. **Henri VI. Guerre des deux Roses. Usurpation de Richard d'York.** — Henri VI avait épousé en 1443 Marguerite d'Anjou, fille de René d'Anjou, comte de Provence, roi titulaire de Sicile et de Naples. Cette princesse, habile, courageuse, mais ayant aussi beaucoup d'ambition, prit bientôt un grand ascendant sur l'esprit de son époux, qui était d'un caractère faible et incapable de gouverner par lui-même. Elle fit disgracier le duc de Glocester, oncle du roi, que le peuple appelait *le bon duc*, parce qu'il s'était toujours signalé par sa haine violente contre la France. Glocester fut arrêté, et quelques jours après on le trouva mort dans sa prison. On crut généralement qu'il avait péri victime de la haine de ses ennemis.

Questions. — 7. Quel était le caractère de Henri VI et celui de la reine Marguerite d'Anjou ? — Racontez la disgrâce et la mort du duc de Glocester. — Quelle fut la

Dans ces circonstances, Richard, duc d'York, cousin du roi, se décida à élever des prétentions à la couronne d'Angleterre[1]. Enhardi dans ses projets par une maladie de Henri VI, qui affaiblit considérablement les facultés de ce monarque, Richard d'York se fit nommer lord protecteur (1554) et exerça l'autorité souveraine. Mais le roi, revenu un moment à la santé et à la raison, lui retira ses pouvoirs. Richard, mécontent, prit les armes, et alors commença la guerre civile nommée guerre *des deux Roses*, parce que la maison d'York avait dans ses armes une rose blanche, et la maison de Lancastre, une rose rouge. Parmi les seigneurs qui suivirent le parti de Richard on distinguait le comte de Warwick, qui, par ses talents, sa fortune et son inconstance, mérita le surnom de *faiseur de rois*. Richard gagna sur l'armée royale la bataille de Saint-Albans (1455) et puis celle de Northampton (1460). Alors il réclama la couronne; mais le parlement, tout en le déclarant héritier légitime du trône, laissa le titre de roi à Henri VI.

**8. Bataille de Wakefield; défaite et mort de Richard. Édouard IV. Fuite et dangers de la reine Marguerite.** — La reine Marguerite, qui s'était réfugiée en Écosse, ne pouvait pas se résigner à

cause de la guerre des deux Roses? — Quelles batailles furent gagnées par Richard d'York? — 8. Que fit la reine

1. Le duc d'York descendait, par sa mère, de Lionel, duc de Clarence, second fils d'Édouard III, tandis que Henri VI tirait sa descendance du duc de Lancastre, troisième fils du même monarque.

reconnaître des actes qui compromettaient les droits de son fils, le jeune prince de Galles. Faisant appel à ses partisans, elle eut bientôt rassemblé vingt mille hommes, marcha vers Londres et livra à Richard la bataille de Wakefield, dans laquelle ce prince fut vaincu et tué. Mais le triomphe des Lancastriens fut de courte durée. Édouard, comte de March, fils aîné du duc d'York, et le comte de Warwick, ayant réuni leurs forces, fermèrent la route de Londres à Marguerite, qui fut encore contrainte de fuir vers le nord. Le comte de March entra dans Londres, où il fut reçu au milieu des applaudissements du peuple et proclamé roi sous le nom d'Édouard IV. La reine Marguerite, toujours courageuse et infatigable, réunit dans le nord, dont les populations lui étaient dévouées, une armée de soixante mille hommes, et marcha contre Édouard et Warwick, auxquels elle livra près du village de Towton une sanglante bataille qu'elle perdit (1461). Deux ans après, avec les secours que lui fournit le roi Louis XI, elle tenta encore la fortune des armes. Vaincue de nouveau près d'Exham, elle s'enfuit avec son fils, et, après avoir échappé à mille dangers, elle put s'embarquer et retourner en France. L'infortuné Henri VI, trahi et livré à Édouard, fut enfermé à la Tour de Londres.

Marguerite? — Où Richard fut-il vaincu et tué? — Comment et sous quel nom le fils aîné de Richard fut-il proclamé roi? — Racontez les nouvelles défaites que Mar-

**9. Défection du comte de Warwick; sa défaite et sa mort. Dernières années d'Édouard IV.** — Édouard IV n'usa de la victoire que pour exercer les plus cruelles vengeances contre les partisans de la maison de Lancastre. Tous les seigneurs qui avaient échappé à la mort dans les combats, et qui furent pris, périrent sur l'échafaud. Délivré de ses ennemis, maître de la personne de son rival, Édouard se croyait bien affermi sur le trône, lorsque son mariage avec la fille d'un simple gentilhomme mécontenta le duc de Clarence, son frère, et le comte de Warwick. Ceux-ci passèrent en France et firent cause commune avec la reine Marguerite, à laquelle ils promirent de rétablir la maison de Lancastre. Le comte de Warwick débarqua en Angleterre, où sa grande renommée attira bientôt sous sa bannière une foule de soldats. Édouard, au moment de combattre, se voyant abandonné des siens, se sauva précipitamment en Hollande, tandis que Warwick entrait dans Londres et, tirant Henri VI de sa prison, le replaçait sur le trône. Cependant Édouard revint en Angleterre avec une petite armée que son beau-frère, le duc de Bourgogne, lui avait fournie. Il se rendit maître de Londres, et, quand il se vit assez fort, il attaqua près de Barnet le comte de Warwick, qui, trahi et abandonné par le duc de Clarence, son allié, fut vaincu et tué (1471). Pendant ce temps, la reine

guerite essuya et les dangers qu'elle courut. — 9. Comment Édouard IV usa-t-il de la victoire? — Quelle fut la cause de la défection du comte de Warwick? — Racontez sa

Marguerite, débarquée à Weymouth, amenait de France de nouvelles troupes : elle fut plus malheureuse encore que Warwick. Vaincue à Tewkesbury, elle tomba avec son fils entre les mains de ses ennemis. Le jeune prince fut aussitôt séparé de sa mère et lâchement égorgé sous les yeux mêmes d'Édouard. Marguerite fut enfermée dans la Tour de Londres, où elle retrouva son époux, l'infortuné Henri VI, qui mourut peu après.

Les dernières années d'Édouard IV furent troublées par les querelles et l'inimitié de ses deux frères, Georges, duc de Clarence, et Richard, duc de Glocester. Clarence, accusé de haute trahison, fut clandestinement mis à mort dans la Tour, où il était détenu. Édouard IV mourut en 1483, à l'âge de quarante-deux ans. Glocester, qui peut-être n'était pas étranger au meurtre de Clarence, fut aussi soupçonné d'avoir hâté la fin d'Édouard par le poison. Après avoir fait condamner Clarence, il se débarrassait du roi, et il n'y avait plus entre le trône et lui que deux faibles enfants.

défaite et sa mort. — Quel fut le sort de Marguerite et de son fils? — Comment furent troublées les dernières années du règne d'Edouard IV? — Comment périt le duc de Clarence? — A qui sa mort fut-elle attribuée, ainsi que celle du roi?

## CHAPITRE IV.

Angleterre et Écosse. — Angleterre. Les enfants d'Édouard. Glocester élu roi sous le nom de Richard III. Meurtre des enfants d'Édouard. — Henri de Richmond. Mort de Richard III. Henri VII ; avénement des Tudors. — Écosse. Les Stuarts. Jacques Ier, Jacques II, Jacques III.

**10. Angleterre.—Les enfants d'Édouard. Glocester élu roi sous le nom de Richard III. Meurtre des enfants d'Édouard.** — Édouard IV laissait deux fils encore enfants : Édouard, prince de Galles, son successeur, âgé de treize ans; Richard, duc d'York, plus jeune d'une année. Il avait confié leur tutelle et la régence du royaume à son frère Richard, duc de Glocester, homme d'une profonde hypocrisie et d'une cruauté sanguinaire. Dévoré d'ambition, Glocester voulait se frayer un chemin au trône. Il prit le titre de protecteur, s'empara de l'aîné de ses neveux, qui avait été proclamé roi sous le nom d'Édouard V, et le conduisit à la Tour de Londres sous prétexte de le préparer à la cérémonie du couronnement. A force de ruses et de mensonges, il se fit aussi livrer le plus jeune de ses neveux, qui était resté sous la garde de sa mère et qui alla rejoindre son frère à la Tour. Maître des deux héritiers du trône, Glocester se

QUESTIONS. — 10. Quels étaient les deux enfants d'Edouard IV ? — Que fit le duc de Glocester ? — Par quels moyens eut-il en son pouvoir ses neveux ? — Par

débarrassa, par l'assassinat, des seigneurs qui étaient attachés à la famille d'Édouard et qui pouvaient le gêner dans l'accomplissement de ses desseins criminels. Alors, avec le concours du lord-maire de Londres, qui lui était entièrement dévoué, il se fit proclamer roi par une assemblée de notables bourgeois, auxquels s'étaient réunis des ouvriers payés d'avance ; il fut couronné à Westminster sous le nom de Richard III (1483).

Le premier acte de Richard III fut d'ordonner la mort de ses neveux. Le gouverneur de la Tour, loyal chevalier, opposa un refus formel à cette horrible mission. Alors Richard III fit remettre pour vingt-quatre heures les clefs et le gouvernement de la Tour à Jacques Tyrrel, maître de ses écuries. Au milieu de la nuit, trois assassins, introduits par Tyrrel dans la chambre où dormaient les deux frères, étouffèrent ces pauvres enfants sous des oreillers et des couvertures et les enterrèrent dans une fosse creusée au bas de l'escalier de la prison.

**11. Henri de Richmond. Mort de Richard III. Henri VII; avénement des Tudors.** — Les crimes de Richard III, cet affreux tyran, ne devaient pas rester impunis. Un vengeur se présenta bientôt : ce fut Henri Tudor, comte de Richmond, descendant, par sa mère, du duc de

qui se fit-il proclamer roi? — Racontez le meurtre des enfants d'Édouard. — 11. Que fit Henri Tudor de Richmond? — Racontez la défaite et la mort de Richard III.

Lancastre, et dernier représentant de la Rose rouge. Henri, qui s'était réfugié en Bretagne, débarqua avec quelques mille hommes dans le pays de Galles, où tout le monde se leva en sa faveur. Richard, que ses horribles forfaits rendaient chaque jour plus odieux, doutait de la fidélité de ses partisans les plus dévoués. En proie à de mortelles alarmes, il marcha précipitamment contre son rival, qu'il atteignit à Bosworth, dans le comté de Leicester (23 août 1485). L'action était engagée lorsque Richard vit lord Stanley, un de ses lieutenants, passer à l'ennemi avec les troupes qu'il commandait. Désespéré, il s'élança, la couronne en tête, au plus fort de la mêlée, en s'écriant : « Trahison ! trahison ! » et déjà il avait tué de sa main le chevalier qui portait la bannière de Richmond, lorsqu'il succomba accablé par le nombre. Lord Stanley, lui arrachant la couronne, la posa sur la tête du vainqueur, et tous les soldats s'écrièrent : « Vive notre roi Henri ! » Avec Richard III s'éteignit la dynastie des Plantagenêts.

Henri de Richmond, proclamé et couronné roi sous le nom de Henri VII, commença la dynastie des Tudors, qui régna jusqu'à l'avénement des Stuarts. Il mit un terme à la guerre des deux Roses en épousant Élisabeth d'York, fille d'Édouard IV, et en réunissant ainsi les droits des deux familles rivales d'York et de Lancastre. Son

— Sous quel nom Henri de Richmond fut-il proclamé roi ? — De quelle dynastie fut-il le chef ? — Comment

règne fut troublé par la révolte de deux imposteurs qui voulurent se faire reconnaître comme des princes de la maison d'York. Il les vainquit et les fit prisonniers. Dès lors Henri VII resta paisible possesseur du trône, et il sut maintenir la tranquillité du royaume par sa vigilance et sa fermeté. Il mourut en 1509, laissant la couronne à son fils Henri VIII.

**12. Écosse. — Les Stuarts. Jacques Ier, Jacques II, Jacques III.** — Pendant que l'Angleterre était déchirée par la guerre civile des deux Roses, l'Écosse, sous les Stuarts, ses rois, était livrée aux dissensions et à l'anarchie. Les seigneurs, maîtres souverains dans leurs domaines, ne respectaient ni les lois ni l'autorité royale. Après Robert III, Jacques Ier, son fils et son successeur, prince actif, juste et ferme, essaya de réprimer les désordres. Il fit mettre en jugement plusieurs des puissants personnages du royaume, et, comme ils furent trouvés coupables, il confisqua leurs biens. Les nobles, irrités, formèrent un complot contre la vie de Jacques Ier. Ils pénétrèrent la nuit dans la maison que le roi occupait à Perth, où il s'était rendu pour une fête, et ils l'assassinèrent (1437).

Jacques Ier laissait pour successeur un enfant de six ans, qui fut Jacques II. La régence du royaume fut donnée au chancelier Crichton, qui

mit-il un terme à la guerre des deux Roses? — **12.** Quelle était alors la situation de l'Ecosse? — Donnez quelques détails sur les règnes de Jacques Ier et de Jacques II. —

se rendit odieux par sa perfidie et sa cruauté envers la puissante famille des Douglas. Jacques, devenu majeur, prit en main les rênes de l'État, se rapprocha des Douglas, nomma même le chef de cette famille lieutenant général du royaume ; puis il le disgracia. Douglas se révolta et prit les armes avec d'autres seigneurs. Le roi, dissimulant sa colère, attira Douglas au château de Stirling, sous prétexte d'une réconciliation, et le poignarda de sa propre main. Jacques II fut tué devant la forteresse de Roxburgh, qu'il assiégeait pour la reprendre aux Anglais (1460).

Jacques III voulut, comme son père et son aïeul, abattre la noblesse ; mais n'ayant ni courage ni habileté, il se montra violent et cruel et fit mettre à mort le comte de Mar, son frère, faussement accusé d'exciter des troubles. Les principaux seigneurs se révoltèrent, et, s'étant emparés du fils de Jacques, ils placèrent le jeune prince au milieu de leurs rangs et livrèrent bataille à l'armée royale. Dès le commencement de l'action, Jacques III, effrayé du bruit des armes, s'enfuit à toute bride vers Stirling. Mais il ne put atteindre cette ville ; il fut assassiné sur la route par un inconnu, et l'on ne découvrit jamais ni qui était ce meurtrier, ni ce qu'il avait fait du corps du roi (1488).

Pourquoi les seigneurs se révoltèrent-ils contre Jacques III? — Racontez la défaite et la mort de ce prince.

## CHAPITRE V.

Espagne et Portugal. — Les royaumes chrétiens d'Espagne. Jean II, roi d'Aragon; il usurpe le trône de Navarre. Henri IV, roi de Castille; sa déposition. — Ferdinand le Catholique et Isabelle. Réunion de l'Aragon et de la Castille. Guerre contre les Maures; prise de Grenade. — Mort d'Isabelle et de Ferdinand. Le cardinal Ximénès. Le royaume de Portugal.

**13. Les royaumes chrétiens d'Espagne. Jean II, roi d'Aragon; il usurpe le trône de Navarre. Henri IV, roi de Castille; sa déposition.**— A la fin du moyen âge, la péninsule ibérique (Espagne et Portugal) était partagée entre quatre royaumes chrétiens : la Navarre, au nord-ouest; l'Aragon, au nord-est; le Portugal, au sud-ouest; au centre, la Castille. Il y avait au sud un cinquième royaume, celui de Grenade, qui était musulman.

Jean II, roi d'Aragon, gouvernait alors la Navarre sans avoir le titre de roi : ce titre appartenait à Blanche d'Évreux, sa femme, et héritière de la Navarre. Elle mourut en 1441, et le trône de Navarre devait appartenir à son fils don Carlos, prince de Viane. Mais la seconde femme de Jean II s'était emparée de la confiance de son époux, et obtint de ce prince qu'il garderait la couronne. Don Carlos, persécuté par son injuste

QUESTIONS. — 13. Quelle était la situation de l'Espagne à la fin du moyen âge? — Donnez quelques détails sur le royaume de Navarre. — Dans quelles circonstances

marâtre, se révolta ; vaincu et fait prisonnier, il mourut empoisonné. Jean II convoqua les États de Navarre, et fit légitimer son usurpation.

Pendant ce temps, la Castille était gouvernée par Henri IV, prince indolent et faible, qui prodiguait à de vils favoris les honneurs et les richesses. Les nobles, indignés de sa conduite, le déposèrent et proclamèrent roi son jeune frère Alphonse (1465). Mais ce prince étant mort peu de temps après, ils offrirent la couronne à Isabelle, sœur de Henri IV. Isabelle refusa le titre de reine, qui ne lui appartenait pas; elle consentit seulement à être reconnue princesse des Asturies, c'est-à-dire héritière présomptive du trône. Elle épousa, en 1469, Ferdinand, fils aîné du roi d'Aragon, et c'est à ce mariage que l'Espagne dut sa grandeur.

**14. Ferdinand le Catholique et Isabelle. Réunion de l'Aragon et de la Castille. Guerre contre les Maures; prise de Grenade.** — Après la mort de Henri IV, arrivée en 1474, la princesse Jeanne sa fille, soutenue par son oncle, Alphonse V, roi de Portugal, fit valoir ses droits à la couronne ; une guerre civile s'en suivit. Alphonse V, battu à Toro, fut forcé d'abandonner la cause de Jeanne, et Isabelle fut proclamée souveraine de Castille et de Léon. En même temps, l'époux d'Isabelle, Ferdinand, surnommé le Catholique, héritait de

Isabelle fut-elle reconnue héritière de la couronne de Castille ? — Quel prince épousa-t-elle ? — 14. Comment se fit la réunion des couronnes de Castille et d'Aragon ?

la couronne d'Aragon par la mort de son père Jean II, et les royaumes de Castille et d'Aragon étaient réunis à jamais (1479).

Ferdinand et Isabelle résolurent alors de faire la conquête du royaume de Grenade, qui depuis longtemps était au pouvoir des Maures. L'armée espagnole, forte de soixante et dix mille hommes et commandée par d'habiles généraux, au nombre desquels était le fameux Gonzalve de Cordoue, vint assiéger la ville de Grenade, qui était flanquée de mille trente tours, et renfermait plus de deux cent mille habitants. L'opiniâtreté de la défense égala celle de l'attaque. Le siége dura neuf mois. Enfin les Maures, pressés par la famine, se rendirent (1492). Leur roi Boabdil, suivi de sa famille, sortit de la ville et arrivé sur le sommet d'une montagne, il tourna ses regards vers le beau pays qu'il abandonnait pour toujours, et versa des larmes. « Mon fils, lui dit sa mère, vous avez raison de pleurer comme une femme le trône que vous n'avez pas su défendre comme un homme. » La même année, Christophe Colomb découvrait l'Amérique et donnait un nouveau monde à l'Espagne.

15. **Mort d'Isabelle et de Ferdinand. Le cardinal Ximénès. Le royaume de Portugal.** — La reine Isabelle mourut en 1504, à l'âge de cinquante-quatre ans, regrettée de ses sujets, dont elle avait su conquérir l'affection par ses

— Racontez le siége et la prise de Grenade. — 15 En quelle année mourut Isabelle? — A qui laissait-elle la

grandes et nobles qualités. Elle laissait la couronne de Castille à sa fille Jeanne, qui était mariée à Philippe le Beau, archiduc d'Autriche, fils de l'empereur Maximilien, et qui fut mère de Charles-Quint ; en même temps, elle avait désigné Ferdinand pour régent du royaume, parce que Jeanne était atteinte de démence. Les Castillans, malgré leur vénération pour la mémoire d'Isabelle, refusèrent d'obéir à Ferdinand ; ils reconnurent Jeanne et Philippe le Beau pour reine et roi de Castille, et l'archiduc Charles, leur fils, comme prince des Asturies. Mais Philippe mourut en 1506, et Ferdinand, grâce à l'appui du célèbre Ximénès, conserva la régence du royaume pendant la minorité de son petit-fils Charles. Ximénès, cardinal archevêque de Tolède, chargé par Ferdinand d'administrer les affaires de l'État, s'acquitta de ces fonctions avec une sagesse et une habileté consommées. Dans cette haute fortune, il resta ce qu'il avait toujours été, humble, simple et pauvre : protecteur de la vertu et du mérite, il ne conçut et n'exécuta que des projets utiles à l'humanité.

La fin du règne de Ferdinand le Catholique fut signalée par la conquête d'Oran et par celle de la Navarre. La première fut faite aux frais de Ximénès, en 1509. Ferdinand enleva la Navarre à Jean d'Albret (1512) et compléta ainsi l'unité territoriale de l'Espagne. Ferdinand mourut en

couronne de Castille? — Par quelle circonstance Ferdinand eut-il la régence du royaume? — Comment Ximénès

1516, et laissa au cardinal Ximénès le gouvernement de ses États jusqu'à l'arrivée de son petit-fils Charles d'Autriche.

Dans la dernière moitié du quinzième siècle, le petit royaume de Portugal fut gouverné par des princes remarquables. Alphonse V (1438-1481), surnommé l'Africain, signala son règne par de glorieuses expéditions contre les Maures de l'Afrique, qui avaient si longtemps ravagé les côtes du Portugal. Son fils, Jean II (1481-1495), abaissa la puissance excessive des nobles, réprima leurs révoltes et rendit l'autorité royale forte et respectée. Ce prince et son successeur Emmanuel le Fortuné encouragèrent les découvertes maritimes qui devaient procurer aux Portugais gloire et richesses.

## CHAPITRE VI.

Allemagne et Italie. — Allemagne. Frédéric III empereur. Guerre avec Mathias Corvin. Maximilien empereur : ses guerres et ses institutions. — Italie. François Sforza et Ludovic le More à Milan. Les Médicis à Florence. Conjuration des Pazzi. — Royaume de Naples. Ferdinand Ier. Le moine Savonarole.

**16. Allemagne.—Frédéric III empereur. Guerre avec Mathias Corvin. Maximilien empereur : ses**

administra-t-il les affaires de l'Etat? — Donnez quelques détails sur le royaume de Portugal.

QUESTIONS. — 16. Quelle fut la préoccupation de Fré-

**guerres et ses institutions.** — En 1453, l'Allemagne avait pour empereur Frédéric III, de la maison d'Autriche. Prince faible, irrésolu et d'un esprit borné, il sacrifia les intérêts de l'empire à ceux de ses domaines autrichiens, qu'il érigea en archiduché et qu'il chercha sans cesse à augmenter. Ainsi, après la mort de Ladislas, fils posthume d'Albert d'Autriche, il voulut s'assurer les couronnes de Bohême et de Hongrie; mais il échoua dans son entreprise. Toutefois il finit par obtenir la possession de toute l'Autriche (1464). Les États de Hongrie avaient élevé au trône Mathias Corvin, le digne fils de l'illustre Jean Huniade qui avait si vaillamment défendu la chrétienté contre les attaques des Turcs. Frédéric III, irrité de cette élection, déclara la guerre à Mathias Corvin. Battu dans toutes les rencontres, il perdit une partie de ses États autrichiens, et il fut même forcé d'abandonner Vienne, sa capitale, que Mathias Corvin garda jusqu'à sa mort (1490). L'empereur put alors rentrer dans Vienne, et son fils Maximilien reprit l'Autriche. Trois ans après, Frédéric III mourut à Lintz.

Maximilien Ier avait trente-quatre ans lorsqu'il hérita de la couronne impériale (1493). Ce prince, veuf de Marie de Bourgogne, avait épousé en 1491 la nièce de Ludovic le More, et cette nouvelle alliance lui permettait de prendre part

déric III? — Racontez sa guerre contre la Hongrie. — Quels sont les principaux actes du règne de Maximilien Ier? — Quelles institutions sont dues à ce prince?

aux affaires d'Italie. Il entra en 1495 dans la fameuse ligue formée contre la France, et fournit des troupes à l'armée confédérée qui fut battue à Fornoue par Charles VIII; plus tard, il tenta vainement de disputer à Louis XII la possession du Milanais. En 1508, l'empereur entra dans la ligue de Cambrai contre Venise, et en 1511, dans la sainte-alliance contre la France; il prit une grande part à la victoire de Guinegate (1513). Enfin, il fit la guerre aux Suisses qui, par le traité de Bâle en 1499, se séparèrent pour toujours de l'Empire.

L'Allemagne dut à ce prince d'utiles institutions, telles que le perfectionnement de l'artillerie de siége, l'établissement de milices régulières, et celui des postes en Allemagne. Il protégea les lettres, les sciences et les arts, qu'il cultivait lui-même avec succès. Ce prince mourut en 1519, et ses domaines d'Autriche passèrent à Charles-Quint, son petit-fils.

**17. Italie. — François Sforza et Ludovic le More à Milan. Les Médicis à Florence. Conjuration des Pazzi.** — François Sforza, fils du fameux condottiere Attendolo, devenu chef du gouvernement de Milan, fut chargé par les Milanais de faire la guerre à Venise. Vainqueur de cette république, il se fit proclamer duc de Milan par ses compatriotes, devenus ses sujets (1450). Son fils Galéas-Marie, tyran cruel, fut assassiné par

— 17. Donnez quelques détails sur le gouvernement de Milan? — Quelle est la famille qui avait le souverain

les nobles dans la basilique de Saint-Étienne (1476), et laissa un fils de huit ans, Jean Galéas, confié par lui à la tutelle de sa veuve. L'oncle du jeune prince, Ludovic, surnommé le More, à cause de son teint basané, força la régente à lui donner part dans le gouvernement; puis il se rendit maître absolu et relégua son neveu au château de Pavie, où il le laissa mourir (1494).

Après la mort de Cosme de Médicis, Pierre, son fils aîné, avait été placé à la tête de la république florentine. C'était un homme d'un caractère hautain et sans talents. Une conspiration formée contre lui fut déjouée à temps, et les conjurés sortirent de Florence. Pierre de Médicis transmit son pouvoir (1469) à ses deux fils, Laurent et Julien, dont l'aîné avait à peine vingt et un ans. Cependant Florence jouit de quelques années de repos sous le gouvernement de ces deux jeunes princes. Mais, en 1478, François Pazzi, chef de la famille de ce nom, forma contre les Médicis une nouvelle conspiration dans laquelle entrèrent beaucoup de nobles. On devait assassiner les deux Médicis dans la cathédrale de Florence. Julien fut tué; Laurent, légèrement blessé, se défendit avec courage et échappa à la mort. Le peuple vengea le meurtre de Julien. François Pazzi et la plupart de ses complices furent massacrés. Laurent, désormais paisible

pouvoir à Florence? — Racontez la conjuration des Pazzi. — Quel titre fut donné à Laurent de Médicis? —

possesseur du souverain pouvoir, accorda une généreuse protection aux savants et aux artistes, qui lui décernèrent le titre de *Père des Muses* ; la splendeur des fêtes qu'il donnait à sa cour lui valut le surnom de *Magnifique*.

**18. Royaume de Naples. Ferdinand Ier. Le moine Savonarole.** — A la mort d'Alphonse le Magnanime, de la famille d'Aragon (**1458**), son fils Ferdinand Ier lui succéda sur le trône de Naples. Les barons napolitains voulurent se débarrasser d'une famille qui avait accablé le peuple d'impôts et prodigué à ses favoris les titres et les dignités. Ils appelèrent Jean de Calabre, héritier des droits de la maison d'Autriche. Jean de Calabre répondit à cet appel ; mais il fut vaincu et forcé, après une lutte de deux ans, de se rembarquer pour la France. Ferdinand se montra cruel après la victoire ; il exerça d'implacables vengeances qui le rendirent odieux.

Il y avait alors à Florence un moine de l'ordre des Dominicains, nommé Jérôme Savonarole, qui, dans ses prédications, annonçait aux Italiens les châtiments que la colère divine leur réservait en punition de leurs iniquités. « Un homme, s'écriait-il, passera les monts, à l'exemple de Cyrus ; il marchera en Italie, il s'en emparera en peu de jours sans tirer l'épée. » Il prédisait par ces paroles l'arrivée prochaine de Charles VIII et des armées françaises.

Que se passait-il à Naples? — Qu'était-ce que Savonarole? — Qu'annonçait-il aux Italiens?

## CHAPITRE VII.

Guerres d'Italie. Expédition de Charles VIII. Conquête et perte du royaume de Naples. — Louis XII. Conquête et perte du Milanais; conquête et perte du royaume de Naples. Ligue de Cambrai. La sainte ligue. Gaston de Foix. — Bataille de Novare. Invasion de la Bourgogne. Traité de Londres; mort de Louis XII.

**19. Guerres d'Italie. Expédition de Charles VIII. Conquête et perte du royaume de Naples.** — Les dissensions intérieures de l'Italie, son luxe et ses richesses, et par suite son affaiblissement et sa mollesse, tout semblait convier l'étranger à conquérir cette contrée. De plus, les barons napolitains, asservis sous la cruelle tyrannie de leur roi Ferdinand Ier, appelaient de tous leurs vœux les Français. Charles VIII, d'un caractère chevaleresque et aventureux, n'était que trop disposé à répondre à cet appel : il résolut de faire valoir les droits que les derniers princes de la maison d'Anjou lui avaient transmis sur le royaume de Naples. Alors commencèrent les guerres d'Italie, qui devaient être si fatales à la France.

Au mois d'août 1494, Charles VIII, avec une armée de trente mille hommes et une formidable artillerie, franchit les Alpes, et de Turin il arriva

QUESTIONS. — 19. Quels motifs engagèrent Charles VIII à faire une expédition en Italie? — Racontez la conquête du royaume de Naples. — Pourquoi Charles VIII fut-il

sans obstacle jusqu'à Rome. De là, il marcha vers Naples: les troupes napolitaines ne résistèrent nulle part. Le roi Alphonse II, qui avait récemment succédé à son père Ferdinand Ier, abdiqua en faveur de son jeune fils, Ferdinand II, et se retira en Sicile. Le 22 février 1495, Charles VIII entra triomphalement dans Naples et s'y fit couronner roi des Deux-Siciles et de Jérusalem et empereur d'Orient.

Mais bientôt Venise et Milan, de concert avec Ferdinand le Catholique et l'empereur Maximilien, formèrent une ligue contre le roi de France. Charles VIII laissa onze mille hommes à Naples sous la conduite de Gilbert de Montpensier, et se hâta de partir dans la crainte de voir la route de la France se fermer devant lui. L'armée des confédérés l'attendait à Fornoue, près de Parme. Charles VIII n'avait avec lui que dix mille combattants; il n'hésita pas cependant à livrer bataille, et il remporta une brillante victoire qui n'eut d'autre résultat que d'assurer sa retraite (6 juillet 1495). Mais le royaume de Naples fut perdu pour lui. Les troupes espagnoles, commandées par Gonzalve de Cordoue, en firent rapidement la conquête, et le roi Ferdinand II rentra dans Naples.

**20. Louis XII. Conquête et perte du Milanais; conquête et perte du royaume de Naples. Ligue de Cambrai. La sainte ligue; Gaston de Foix.** —

obligé de revenir en France ? — 20. Racontez les expéditions de Louis XII, d'abord dans le duché de Milan,

Charles VIII mourut en 1498, au château d'Amboise, des suites d'un accident. Comme il ne laissait pas d'enfants, Louis XII[1], son plus proche héritier, lui succéda. Le nouveau roi voulut faire valoir sur le duché de Milan les droits qu'il tenait de Valentine Visconti, son aïeule. Il se rendit maître de ce duché après deux brillantes campagnes (1500). Ludovic Sforce, surnommé le More, fait prisonnier, fut enfermé au château de Loches, où il mourut après dix ans de captivité.

Louis XII songea alors au royaume de Naples: il s'unit avec Ferdinand le Catholique pour faire en commun la conquête des États napolitains et se les partager ensuite. Le roi de Naples, Frédéric II, n'essaya pas de résister aux Français et aux Espagnols, commandés, les premiers par Stuart d'Aubigny, les seconds par Gonzalve de Cordoue : il s'abandonna à la générosité de Louis XII, qui lui accorda une retraite honorable en France (1501). Mais la discorde suivit de près le partage de la conquête. La mauvaise foi de Gonzalve de Cordoue amena la rupture et la guerre entre les Espagnols et les Français. Ceux-ci, battus à Seminara et à Cérignoles, puis sur les bords du Garigliano, furent forcés de sor-

ensuite dans le royaume de Naples. — Quels en furent les résultats? — Quelles furent les conséquences de la

1. Louis XII, chef de la branche de Valois-Orléans, était petit-fils de Louis d'Orléans, frère de Charles VI.

tir de l'Italie, et Louis XII signa en 1505 le traité de Blois, qui assurait à Ferdinand le Catholique la couronne de Naples.

Venise par sa puissance inspirait des craintes à Louis XII pour ses possessions du Milanais. Il forma contre cette république la ligue de Cambrai (1508), à laquelle se joignirent Maximilien d'Autriche, Ferdinand le Catholique et le pape Jules II. Il attaqua les Vénitiens et les vainquit à Agnadel (1509). Venise humiliée désarma ses ennemis à force de soumission et finit même par dissoudre la ligue de Cambrai. Alors les alliés de Louis XII se tournèrent contre lui et formèrent la sainte ligue pour chasser les étrangers de l'Italie. Il mit à la tête de ses troupes son neveu Gaston de Foix, duc de Nemours. En deux mois ce jeune héros de vingt-trois ans oblige les Suisses à rentrer dans leurs montagnes, fait lever aux Espagnols le siége de Bologne, s'empare de Brescia et remporte près de Ravenne une éclatante victoire; mais au milieu de son triomphe il tombe frappé d'un coup mortel.

**21. Bataille de Novare. Invasion de la Bourgogne. Traité de Londres; mort de Louis XII.** — Malgré les revers qu'il venait d'éprouver, Louis XII continua la lutte. Une nouvelle armée, envoyée en Italie, fut battue par les Suisses devant Novare, et le Milanais fut encore perdu pour la France.

ligue de Cambrai et de la sainte ligue? — 21. Dans quelle circonstance et par qui la France fut-elle envahie? — A

D'un autre côté, le roi d'Angleterre Henri VIII et l'empereur Maximilien gagnaient sur les troupes françaises la bataille de Guinegate. En même temps les Suisses envahissaient la Bourgogne et assiégeaient Dijon : ils ne s'éloignèrent qu'après avoir reçu une grosse somme d'argent. Louis XII se résigna à faire des concessions à ses ennemis pour obtenir la paix. Il renonça à la possession du Milanais, et par le traité de Londres (1514) il s'engagea à payer, par termes, un million d'écus au roi d'Angleterre Henri VIII, dont il épousa la sœur, la princesse Marie. Louis XII survécut peu à cette union : il mourut le 1er janvier 1415.

Malgré les guerres qu'il eut à soutenir, Louis XII diminua les impôts, grâce à l'ordre et à l'économie qu'il mit dans les finances. La bonté de ce prince, son amour de la justice, son administration sage et vigilante, lui ont mérité le beau titre de *Père du peuple*. Il fut dignement secondé par le cardinal d'Amboise, son ministre et fidèle ami.

quelles conditions Louis XII obtint-il la paix? — Quel fut le gouvernement de ce prince? — Quel titre a-t-il mérité?

## CHAPITRE VIII.

Découvertes et établissements des Portugais aux Indes (quinzième et seizième siècles). Premiers voyages. Barthélemy Diaz. Vasco de Gama double le cap de Bonne-Espérance. — Vasco de Gama aux Indes. Alvarès Cabral. Nouvelle expédition de Vasco de Gama. — François d'Almeïda et Alphonse d'Albuquerque. Don Juan de Castro et Ataïde. Décadence des établissements portugais.

**22. Découvertes et établissements des Portugais aux Indes (quinzième et seizième siècles). Premiers voyages. Barthélemy Diaz. Vasco de Gama double le cap de Bonne-Espérance.** — Le quinzième et le seizième siècle sont célèbres dans l'histoire par les découvertes maritimes et les établissements lointains. Dès le commencement du quinzième siècle, les Portugais avaient tourné toute leur activité vers l'Océan. Déjà, grâce aux généreux encouragements de l'infant dom Henri, troisième fils du roi Jean Ier, ils avaient dépassé le cap Vert, les Açores et s'étaient avancés jusqu'à l'embouchure du Sénégal, lorsque, sous le règne de Jean II, ils redoublèrent d'efforts : ils cherchaient une nouvelle route pour aller aux Indes. Après avoir franchi l'équateur (1472), ils reconnurent les royaumes de Bénin et de

Questions. — 22. Quelles furent les premières découvertes maritimes faites par les Portugais ? — Que fit Barthélemy Diaz ? — Racontez le premier voyage de Vasco

Congo et abordèrent sur les côtes de Guinée, où ils bâtirent des forts (1484). Deux ans après (1486), Barthélemy Diaz arrivait au cap situé à l'extrémité méridionale de l'Afrique. Il l'appela le cap des Tourmentes, à cause des tempêtes affreuses qu'il y avait essuyées. Jean II changea ce nom de mauvais augure en celui de Bonne-Espérance, qu'il porte encore aujourd'hui.

Emmanuel le Grand ou le Fortuné, successeur de Jean II, confia à Vasco de Gama la mission d'exécuter l'entreprise commencée par Barthélemy Diaz. La flottille que Vasco de Gama commandait était composée de trois petits vaisseaux montés par cent soixante hommes. Après avoir reçu la sainte communion et passé la nuit en prières dans la chapelle de la Sainte-Vierge, il partit de Lisbonne le 8 juillet 1497, doubla le cap de Bonne-Espérance et visita successivement plusieurs petits États de l'Afrique. A Mélinde, il prit à son bord un pilote avec lequel il reconnut la côte de Zanguebar, et dix mois après son départ (20 mai 1498) il abordait à Calicut, la ville la plus importante du Malabar. La route maritime des Indes était trouvée[1].

**23. Vasco de Gama aux Indes. Alvarès Cabral. Nouvelle expédition de Vasco de Gama.** — Vasco

de Gama. — Où aborda-t-il? — 23. Comment Vasco de Gama fut-il récompensé de ses services? — Que fit Al-

1. Un illustre poëte portugais, nommé Camoëns, a célébré, dans un poëme intitulé les *Lusiades*, l'héroïque expédition de Vasco de Gama.

de Gama, accueilli avec honneur et bienveillance par le zamorin ou souverain de Calicut, avait obtenu de ce prince un traité d'alliance au nom du roi de Portugal, lorsque la jalousie et les intrigues des Maures qui faisaient le commerce de l'Afrique et des Indes, changèrent les bonnes dispositions du zamorin. Vasco de Gama, devenu suspect, échappa, par sa prudence et sa fermeté, aux dangers qui le menaçaient et revint à Lisbonne (1499). Emmanuel le combla d'honneurs et de richesses et le fit amiral des mers des Indes.

L'année d'après, Alvarès Cabral, parti de Lisbonne avec treize vaisseaux, et poussé à l'ouest par la tempête, abordait au Brésil, dont il prit possession au nom du roi de Portugal. Suivant alors les traces de Gama sur la route des Indes, il arriva à Calicut, où il établit un comptoir. Mais après son départ les Indiens, soulevés par les Maures, massacrèrent la garnison portugaise. Vasco de Gama, mis à la tête d'une nouvelle expédition, vengea le meurtre de ses concitoyens par le bombardement de Calicut et la destruction de la flotte du zamorin. Mozambique, dont il avait pris possession, devint le centre des établissements portugais sur la côte orientale d'Afrique.

**24. François d'Almeïda et Alphonse d'Albuquerque. Don Juan de Castro et Ataïde. Décadence des établissements portugais.** — L'empire des

varès Cabral ? — Quels furent les succès de Vasco de Gama dans sa nouvelle expédition ? — 24. Par quels hommes l'empire des Portugais aux Indes fut-il défini-

Portugais aux Indes orientales fut définitivement fondé par François d'Almeïda et surtout par Alphonse d'Albuquerque, surnommé le Grand. Almeïda (1505), qui reçut le premier le titre de vice-roi des Indes, soumit les tribus indiennes soulevées et conquit tout le Malabar. Albuquerque, son successeur comme vice-roi des Indes, s'empara d'Ormuz, à l'entrée du golfe Persique. Le roi de Perse réclamant le tribut pour cette ville qui avait été longtemps placée sous sa dépendance, Albuquerque montra aux envoyés du prince des boulets et des grenades : « Voilà, dit-il, la monnaie des tributs que paye le roi de Portugal. » Le vice-roi conquit ensuite Goa et Malacca, et assura aux Portugais la possession des deux presqu'îles de l'Inde, des Moluques et des îles de la Sonde. Ce grand homme mourut pauvre et disgracié à Goa (1515). Avec lui disparurent chez les vainqueurs la pitié et l'humanité. Longtemps encore après sa mort les Indiens, prosternés sur son tombeau, lui demandaient justice de la tyrannie de ses successeurs.

La cupidité des gouverneurs, qui ne songeaient qu'à s'enrichir, et les désordres d'une mauvaise administration devaient amener la décadence de l'empire colonial des Portugais. Elle fut retardée un moment par deux héros, don Juan de Castro et Ataïde : le premier (1545), après une éclatante victoire sur le roi de Cambaye et la prise

tivement fondé ? — Racontez les exploits d'Albuquerque. — Que firent don Juan de Castro et Ataïde ? — Quelles

de la ville de Diu, mourut entre les bras de saint François-Xavier, l'apôtre des Indes ; le second (1568) vainquit tous les rois des Indes qui s'étaient soulevés contre la domination portugaise. Mais cette domination était menacée d'une ruine prochaine lorsque la conquête du Portugal par le roi d'Espagne, Philippe II (1580), lui porta le dernier coup.

## CHAPITRE IX.

Découvertes et établissements des Espagnols en Amérique (quinzième et seizième siècles). Christophe Colomb. Son premier voyage. Découverte de l'Amérique. — Autres voyages de Colomb. Sa mort. Tyrannie des Espagnols. Las Casas. — Nouvelles découvertes. Premier voyage autour du monde par Magellan. Conquête du Mexique par Cortez et du Pérou par Pizarre.

**25. Découvertes et établissements des Espagnols en Amérique (quinzième et seizième siècles). Christophe Colomb. Son premier voyage. Découverte de l'Amérique.** — Les Espagnols ont eu aussi à la fin du quinzième siècle et dans le seizième leur part, et la plus belle, dans les découvertes maritimes. Un Génois, Christophe Colomb, après avoir longtemps navigué, soupçonna, par la seule inspection d'une carte de notre hémisphère, l'existence de terres situées au delà des mers, à

causes amenèrent la décadence de la domination portugaise ?

QUESTIONS. — 25. Donnez quelques détails sur Chris-

l'ouest du continent européen. Il résolut donc, pour découvrir ces nouvelles terres, de traverser l'océan Atlantique jusqu'alors inexploré. Sa patrie, à laquelle il exposa son projet, rejeta ses offres. Il éprouva le même refus à Venise, en Portugal, en Angleterre, en France. Il s'adressa alors à la cour d'Espagne, et ce ne fut qu'après huit ans de sollicitations que Ferdinand et Isabelle consentirent à faire les frais de l'expédition. Colomb reçut le titre de grand amiral de toutes les mers et de vice-roi des terres qu'il découvrirait. Le 3 août **1492**, une flottille de trois petits navires partit de Palos en Andalousie. Des îles Canaries où il mouilla, Colomb cingla vers l'ouest et poursuivit intrépidement sa route, malgré les murmures et les menaces de révolte de ses matelots, que les dangers d'une mer inconnue épouvantaient. Enfin, le **12** octobre **1492**, il aborda dans l'île de Guanahani, qu'il nomma San-Salvador', et qui faisait partie du groupe des Lucayes ou Bahama : il en prit possession au nom de la couronne de Castille. Continuant sa marche, il arriva à l'île de Cuba, puis à l'île d'Haïti, qu'il appela Hispaniola. Colomb ne soupçonna pas que ces terres dépendaient d'un continent nouveau ou du nouveau monde qu'il venait de découvrir : il croyait qu'elles faisaient partie des Indes, et c'est pour cela qu'elles furent désignées sous le nom d'*Indes occidentales*. Sept mois et

tophe Colomb. — Racontez son premier voyage et ses premières découvertes dans le nouveau monde. — 26. Quelles

demi après son départ, Colomb rentra en Espagne, où les souverains le reçurent avec les plus grands honneurs.

**26. Autres voyages de Colomb. Sa mort. Tyrannie des Espagnols. Las Casas.** — Dans deux autres voyages (1493 et 1498) Colomb découvrit la Désirade, la Dominique, Porto-Rico, la Jamaïque, la Trinité, et reconnut la côte du continent de l'Amérique méridionale. Ces glorieux succès lui attirèrent l'envie et la haine d'ennemis qui, à force de calomnies, le rendirent suspect à la cour d'Espagne. Un commissaire envoyé pour examiner sa conduite le fit charger de chaînes et embarquer pour l'Europe. Il se justifia pleinement des injustes accusations portées contre lui, et dans un dernier voyage (1502) il découvrit la Martinique et reconnut les côtes de la Colombie. A son retour, accueilli froidement par Ferdinand le Catholique, il se retira à Valladolid, où il mourut en 1506. Colomb n'eut pas même l'honneur de donner son nom au nouveau monde. Cet honneur lui fut ravi par le Florentin Améric Vespuce, qui en 1497 ou 1499 explora les côtes septentrionales de l'Amérique du Sud, écrivit une relation de son voyage et s'attribua la découverte du continent américain.

Les Espagnols établis à Hispaniola firent détester leur domination par leur tyrannie. Les

nouvelles terres découvrit-il dans deux autres voyages? — Comment fut-il récompensé de ses services? — Quel

vice-rois condamnaient les naturels du pays aux travaux les plus durs et aux plus affreux tourments. Au milieu de leurs maux, les Indiens trouvèrent un généreux défenseur dans l'évêque Las Casas, de l'ordre de saint Dominique[1]. Pendant toute sa vie, il plaida la cause de ses protégés, et adoucit leur sort avec un zèle et un dévouement admirables.

**27. Nouvelles découvertes. Premier voyage autour du monde par Magellan. Conquête du Mexique par Cortez et du Pérou par Pizarre.** — L'élan donné par Colomb ne se ralentit point, et après lui de hardis navigateurs marchèrent sur ses traces. Ainsi, de 1508 à 1513, Diaz de Solis fondait une colonie au Darien; Ponce de Léon découvrait la Floride; Vélasquez faisait la conquête de l'île de Cuba; enfin Balboa, traversant l'isthme de Panama, apercevait le premier l'océan Pacifique. Quelques années après, le Portugais Magellan, qui s'était mis au service de l'Espagne, entreprit de faire le tour du globe terrestre. Parti de Séville en 1519, il pénétra dans le grand Océan, découvrit entre l'Amérique méridionale et l'île de Feu le détroit auquel il a donné son nom, et aborda aux îles Philippines, où il périt dans un combat contre les naturels du pays. Son lieute-

fut le sort des Indiens? — Qui se fit leur défenseur? — 27. Quelles découvertes furent faites après Colomb? — Par qui fut entrepris le premier voyage autour du

1. Las Casas était évêque au Mexique.

nant, poursuivant le voyage, revint en Europe par le cap de Bonne-Espérance. Ce fut le premier voyage autour du monde.

Fernand Cortez, simple lieutenant de Vélasquez, le gouverneur de Cuba, osa entreprendre, avec sept cents soldats, dix-huit chevaux et dix pièces de canon, la conquête du Mexique, puissant empire, qui était alors gouverné par un prince nommé Montézuma (1519). Les Tlascalans[1] voulurent arrêter sa marche; mais la vúe des chevaux et les détonations de son artillerie les mirent en déroute, et le vainqueur se dirigea sur Mexico, capitale de l'empire. Montézuma fut fait prisonnier et forcé de se reconnaître vassal du roi d'Espagne. Peu après, Cortez eut à combattre les troupes que Vélasquez, jaloux de ses succès, avait envoyées contre lui, et qui se rangèrent sous ses drapeaux. Les Mexicains, profitant de son absence, s'étaient révoltés; il les battit complétement, et cette victoire le rendit maître de Mexico et de tout l'empire (1521). Rappelé en Espagne, Cortez ne fut pas plus heureux que Christophe Colomb : il mourut dans la disgrâce et l'abandon.

Trois aventuriers, François Pizarre, Almagro et Fernand de Luque se firent les chefs d'une expédition contre le Pérou, vaste et riche pays

monde? — Racontez la conquête du Mexique et celle du Pérou.

1. Nation guerrière qui s'était rendue indépendante du Mexique.

gouverné par des souverains nommés *Incas*. L'or y était si abondant qu'il servait aux usages les plus vulgaires. La conquête de cette contrée fut facile, parce que les indigènes étaient peu belliqueux. L'inca Atabualpa, fait prisonnier, racheta sa liberté par d'immenses trésors, et ne fut pas moins mis à mort. Les envahisseurs se rendirent maîtres du pays ; mais le partage des richesses jeta la discorde parmi eux. Almagro fut tué, et ses soldats, pour venger sa mort, assassinèrent Pizarre dans son palais de Lima, ville qu'il venait de fonder (**1541**). Enfin, ces troubles s'apaisèrent, et le Pérou fut soumis à la couronne d'Espagne.

---

## CHAPITRE X.

France et Autriche. — François Ier. Bataille de Marignan. Charles d'Autriche élu empereur ; sa puissance. — Rivalité de François Ier et de Charles-Quint. Siége de Mézières. Revers des Français en Italie. — Trahison du connétable de Bourbon. Mort de Bayard. Bataille de Pavie ; traité de Madrid.

**28. François Ier. Bataille de Marignan. Charles d'Autriche élu empereur; sa puissance.** — François Ier était à peine âgé de vingt et un ans lorsqu'il succéda à Louis XII (**1515**). Doué d'un ca-

Questions. — 28. Quel était le caractère de François Ier ? — Racontez sa première expédition en Italie et

ractère chevaleresque, passionné pour la gloire des armes, il entreprit de reconquérir le Milanais sur lequel il avait des prétentions au même titre que son prédécesseur. Les Suisses, qui soutenaient la cause de Maximilien Sforza, duc de Milan, occupaient les défilés du mont Cenis et du mont Genèvre. François Ier, à la tête d'une puissante armée, passa la Durance, franchit les Alpes par le col de l'Argentière, et, descendu en Lombardie, marcha sur Milan. Les Suisses, qui s'avançaient au nombre de trente-six mille, rencontrèrent l'armée française près de Marignan. Alors s'engagea une terrible lutte, qui dura deux jours (13-14 septembre 1515), et que le vieux maréchal de Trivulce appelait un combat de géants. Les Suisses se retirèrent après avoir perdu douze mille hommes. La victoire de Marignan rendit François Ier maître du Milanais. Peu à près, il signa avec la confédération helvétique une paix perpétuelle (1516), et depuis lors les Suisses restèrent toujours au service de la France.

Pendant ce temps, Charles d'Autriche, petit-fils, par sa mère, de Ferdinand le Catholique, héritait du royaume des Espagnes (1516). Trois ans après, il devenait héritier des biens de la maison d'Autriche et de la souveraineté des Pays-Bas, comme héritier, par son père, de l'empereur Maximilien (1519). De plus, la mort de

a bataille de Marignan. — Quel en fut le résultat? — — Quel événement fit éclater la rivalité de François Ier et de Charles d'Autriche? — Quelle était la puissance de

Maximilien laissait vacante la couronne impériale, que Charles d'Autriche et François Ier se disputèrent. Les électeurs portèrent leur choix sur Charles, qui fut proclamé empereur sous le nom de Charles V (Charles-Quint). Ce prince devenait ainsi le plus redoutable monarque de l'Occident; sa domination s'étendait sur l'Autriche, les Pays-Bas, le royaume des Deux-Siciles, l'empire, l'Espagne, le nouveau monde, et il disait avec orgueil que le soleil ne se couchait jamais dans ses Etats.

**29. Rivalité de François Ier et de Charles-Quint. Siége de Mézières. Revers des Français en Italie.** — François Ier, profondément blessé de la préférence donnée à son rival, voulut du moins s'assurer l'alliance du roi d'Angleterre, Henri VIII; mais il échoua encore de ce côté : Charles-Quint, par son habile politique, sut mettre dans ses intérêts le monarque anglais. La grande puissance du nouvel empereur devenait un danger pour l'Europe et menaçait surtout l'indépendance de la France. François Ier le comprit bien, et il s'engagea résolûment dans une lutte contre cette puissance, lutte malheureuse pour les armes françaises, mais non pas sans gloire. Les hostilités commencèrent en **1521**. Les Impériaux assiégèrent Mézières; si cette ville était prise, ils entraient en Champagne : heureusement elle était défendue par l'intrépide Bayard.

l'empereur Charles-Quint? — 29. Quelle ville les Impériaux assiégèrent-ils? — Par qui fut-elle défendue? —

qui, en résistant à toutes les attaques, donna le temps à François Ier d'arriver avec son armée. Les Impériaux battirent en retraite. En Italie, Lautrec, gouverneur du Milanais, que la cour de France laissait sans argent, se voyant sur le point d'être abandonné par ses auxiliaires, les Suisses, dont il ne pouvait payer la solde, les conduisit à l'attaque de la Bicoque, près de Milan, et fut complétement battu. Cette défaite entraîna la perte du Milanais (1522).

**30. Trahison du connétable de Bourbon. Mort de Bayard. Bataille de Pavie; traité de Madrid.** — François Ier se disposait à passer en Italie avec une nouvelle armée, lorsqu'un grave événement arrêta son départ. Charles de Bourbon, prince du sang et connétable, irrité d'une injustice de la cour, avait conclu un traité avec Charles-Quint et Henri VIII pour démembrer la France. Sachant que ses desseins criminels étaient découverts, il s'enfuit en Italie et se mit au service de l'empereur. Les Anglais envahirent la Picardie; La Trémouille les repoussa. En Italie, l'amiral Bonnivet, qui commandait l'armée française, échoua devant Milan, et peu après il fut vaincu à Biagrasso par le connétable de Bourbon (1524). Bayard, en protégeant la retraite de l'armée, fut atteint d'une blessure mortelle. On l'assit au pied d'un arbre. Dans ce moment survint le conné-

Comment le Milanais fut-il perdu? — 30. Racontez la trahison du connétable de Bourbon. — Quelle défaite l'armée française essuya-t-elle en Italie? — Racontez la

table, qui s'apitoya sur le sort du héros expirant. « Monsieur, lui dit Bayard, ce n'est pas moi qu'il faut plaindre, mais vous, qui trahissez votre roi, votre patrie et vos serments. »

Les Impériaux, profitant de leurs succès, envahirent la Provence. L'héroïque résistance de Marseille les arrêta, et bientôt ils se retirèrent en désordre à l'approche de François Ier, qui s'avançait avec une puissante armée. Arrivé en Italie à la suite des Impériaux, François Ier s'empara de Milan; mais en s'obstinant au siége de Pavie, il donna à ses adversaires le temps de réunir toutes leurs forces et de venir au secours de la ville. Quoique placé dans une position désavantageuse, le roi mit son honneur à engager la bataille, qui fut bientôt perdue. Il vit tomber autour de lui la plupart de ses vieux compagnons d'armes, et lui-même, après des prodiges de valeur, fut forcé de rendre son épée (1525). Le soir de cette funeste journée, il écrivit à sa mère une lettre dans laquelle se trouvent ces mots : « De toutes choses ne m'est demeuré que l'honneur et la vie, qui est sauve. » La tradition a transformé la lettre en ce simple billet devenu populaire : « Madame, tout est perdu, hors l'honneur. »

Le roi prisonnier, transféré à Madrid, fut tenu par Charles-Quint dans une captivité si rigoureuse que, pour recouvrer sa liberté, il consentit à signer le traité de Madrid (1526), tout en pro-

mort de Bayard. — Comment les Impériaux furent-ils arrêtés en Provence? — Racontez la bataille de Pavie et la

testant secrètement contre la violence morale qui lui était faite. Ce traité lui imposait les conditions les plus dures et les plus humiliantes, entre autres la cession de la Bourgogne.

---

## CHAPITRE XI.

France et Autriche. — Ligue contre Charles-Quint. Prise et sac de Rome par le connétable de Bourbon. Les Impériaux en Provence. — Mauvaise foi de Charles-Quint. La France envahie au nord et à l'est. Paix de Crespy. Mort de François Ier. — Henri II. Abdication de Charles-Quint. Bataille de Saint-Quentin; traité de Câteau-Cambrésis. La Renaissance.

**31. Ligue contre Charles-Quint. Prise et sac de Rome par le connétable de Bourbon. Les Impériaux en Provence.** — A peine libre, François Ier éluda l'exécution du traité de Madrid. Les députés des états de Bourgogne déclarèrent dans l'assemblée de Cognac que le roi n'avait pas le droit d'aliéner une province du royaume. La guerre recommença. Le pape Clément VII, Henri VIII et la république de Venise, effrayés de la puissance toujours croissante de Charles-Quint, prirent parti pour le roi de France. A cette nouvelle, le connétable de Bourbon marcha sur Rome avec ses bandes indisciplinées,

captivité de François Ier. — Quel traité signa-t-il pour recouvrer la liberté?

QUESTIONS. — 31. Quel motif fit recommencer la guerre entre François Ier et Charles-Quint? — Racontez la prise

et en montant à l'assaut il fut tué (1527). Ses soldats, pour venger la mort de leur chef, dévastèrent la capitale du monde chrétien : pendant deux mois, ils signalèrent leur fureur par le massacre des habitants, la profanation des églises et le pillage. Le pape Clément VII, fait prisonnier, ne recouvra la liberté qu'en payant une grosse rançon. Ces odieux excès soulevèrent l'indignation de tous les États catholiques. Une armée française envoyée en Italie sous le commandement de Lautrec obtint d'abord des succès importants; mais bientôt, décimée par la peste, elle n'éprouva que des revers et fut forcée de capituler. François Ier se résigna à faire la paix : par le traité de Cambrai, il abandonnait ses prétentions sur le Milanais et le royaume de Naples (1529).

En 1535, Charles-Quint dirigea en personne une grande expédition contre les pirates musulmans des États barbaresques : il prit Tunis et délivra vingt mille esclaves chrétiens. Sur ces entrefaites, Sforza, duc de Milan, étant mort, François Ier réclama le duché et, paraissant tout à coup en Italie, s'empara du Piémont. Mais, au lieu de poursuivre ces succès, il se laissa tromper par les perfides négociations de l'empereur, qui, après avoir réuni une puissante armée, reconquit le Piémont, franchit le Var et envahit la Provence. Le maréchal de Montmorency, gouver-

de Rome par les soldats du connétable de Bourbon. — Quels sont les autres faits principaux de cette guerre jus-

neur de cette province, l'avait entièrement dévastée pour arrêter l'invasion. Bientôt, en effet, les Impériaux, décimés par la famine et les maladies, furent forcés de battre en retraite. Grâce à l'intervention du pape, une trêve fut conclue à Nice entre les deux rivaux.

**32. Mauvaise foi de Charles-Quint. La France envahie au nord et à l'est. Paix de Crespy. Mort de François Ier.** — La ville de Gand, qui faisait partie des possessions de Charles-Quint, s'était révoltée. Charles résolut de punir cette rébellion, et il demanda à François Ier la permission de passer par la France, qui était le chemin le plus court et le plus sûr. François reçut Charles avec la plus franche et la plus loyale hospitalité. Il se contenta de lui faire promettre l'investiture du Milanais, si longtemps différée. Après avoir réprimé l'insurrection des Gantois, Charles ne voulut plus tenir sa parole ; les hostilités furent reprises.

La France, attaquée de nouveau sur ses frontières, fut envahie, au nord, par Henri VIII et, à l'est, par Charles-Quint. Pendant que le jeune comte d'Enghien, qui commandait l'armée française, gagnait la bataille de Cérisoles dans le Piémont (1544), le roi d'Angleterre assiégea Boulogne et Montreuil : Charles-Quint entrait en Champagne et s'emparait de Saint-Dizier-sur-

qu'à la trêve de Nice ? — 32. Dans quelle circonstance l'empereur promit-il à François Ier de lui céder le Milanais ? — Pourquoi les hostilités furent-elles reprises ? —

Marne, après quarante jours de siége. La longue résistance de cette ville permit à François I$^{er}$ de rassembler toutes ses forces. Charles, délaissé par son allié Henri VIII, au milieu d'un pays ravagé où ses soldats mouraient de faim, et craignant que la retraite ne lui fût coupée, se décida à conclure la paix à Crespy. Les deux monarques se restituaient réciproquement les conquêtes faites depuis la trêve de Nice (1544). Deux ans après, Henri VIII signait aussi la paix avec la France, et, par le traité d'Ardres, il s'engageait à restituer Boulogne moyennant huit cent mille écus. François I$^{er}$ survécut peu à ces traités ; il mourut au château de Rambouillet (1547), laissant la couronne à son fils Henri II.

**33. Henri II. Abdication de Charles-Quint. Bataille de Saint-Quentin ; traité de Câteau-Cambrésis. La Renaissance.** — Le nouveau roi avait vingt-huit ans : son règne ne fut que la continuation de celui de François I$^{er}$. Les commencements en furent heureux. Henri II racheta des Anglais la ville de Boulogne ; puis, il fournit des secours aux princes protestants d'Allemagne qui étaient en guerre avec Charles-Quint, et se fit autoriser par eux, comme protecteur de leurs libertés, à s'emparer des villes impériales de Metz, Toul et Verdun, appelées les Trois-Évêchés, et à les garder comme vicaire du saint-empire (1552). Charles-Quint voulut reprendre

Par quels faits furent-elles signalées? — Quels sont les traités qui y mirent fin? — 33. Quels furent, sous

Metz et l'assiégea avec soixante mille hommes et une formidable artillerie; mais cette ville fut héroïquement défendue par le duc François de Guise, et l'empereur, après deux mois d'attaque et la perte de la moitié de son armée, se vit contraint de lever le siége (1553). Charles-Quint ressentit de ces revers, auxquels il n'était pas accoutumé, une humiliation qui le dégoûta du pouvoir suprême : il abdiqua le 27 août 1556, donnant à son fils Philippe II ses États héréditaires, et la couronne impériale à son frère Ferdinand II. Il se retira dans le couvent de Saint-Just, en Estrémadure, où il mourut deux ans après (1558).

Les Français firent une nouvelle tentative en Italie, où ils étaient appelés par le pape Paul IV; mais malgré les talents du duc de Guise, qui les commandait, ils n'essuyèrent que des revers. Philippe II s'unit avec l'Angleterre, entra en Picardie et investit Saint-Quentin (1557). Le connétable de Montmorency livra sous les murs de la ville une bataille qu'il perdit. Le duc de Guise, rappelé d'Italie et nommé lieutenant général du royaume, marcha sur Calais et reconquit en huit jours cette ville, que les Anglais possédaient depuis plus de deux cents ans, puis il se rendit maître de Thionville. Enfin, des négociations amenèrent la paix de Câteau-Cambrésis (1559), qui termina la longue période des guerres d'Italie. Peu après,

Henri III, les principaux faits de la lutte de la France

Henri II mourut des suites d'une blessure qu'il reçut dans un tournoi.

L'invention de l'imprimerie, en multipliant les livres, avait ranimé et propagé le goût de l'étude. Au seizième siècle, les lettres et les beaux-arts prirent un nouvel essor et brillèrent du plus vif éclat : cette époque, restée célèbre, est désignée sous le nom de *Renaissance*. L'Italie donna le signal de ce grand mouvement intellectuel, et, grâce aux bienfaits de ses souverains, des académies, des universités, des bibliothèques, furent fondées à Milan, à Venise, à Florence, à Rome. Sous le pontificat de Jules II et de Léon X, la sculpture, l'architecture et la peinture produisirent les plus admirables chefs-d'œuvre, et, parmi les beaux génies qui illustrèrent cette époque, il suffit de citer les noms de Léonard de Vinci, de Michel-Ange et de Raphaël.

François Ier, par la protection éclairée et généreuse qu'il accorda aux savants et aux artistes, se montra le digne émule des souverains italiens. Il fonda le collége de France et l'imprimerie royale; il attira à sa cour le peintre Léonard de Vinci, le sculpteur Benvenuto Cellini et d'autres artistes qui décorèrent les châteaux de Blois, de Chambord, de Fontainebleau, et qui eurent bientôt d'illustres émules dans les artistes français, parmi lesquels il faut citer Jean Goujon, Jean Cousin, Philibert Delorme et Germain Pilon.

contre la maison d'Autriche ? — Donnez quelques détails sur l'époque appelée la *Renaissance*.

## CHAPITRE XII.

La réforme en Allemagne. Luther. Diète de Worms. Les anabaptistes. — Les protestants. Confession d'Augsbourg. Bataille de Mühlberg. Paix d'Augsbourg. — La réforme en Suisse. Zwingle et Calvin. La réforme dans les Pays-Bas.

**34. La réforme en Allemagne. Luther. Diète de Worms. Les anabaptistes.** — On a donné le nom de *réforme* ou de *réformation* à la révolution religieuse dont Martin Luther donna le signal en Allemagne dans les premières années du seizième siècle. Voici quelle fut l'origine de cette révolution, qui, après avoir agité la plupart des États de l'Europe, sépara de l'Église romaine une partie de ces États.

Les guerres d'Italie auxquelles le pape Jules II prit part avaient épuisé le trésor pontifical. Son successeur, Léon X, fit publier que des indulgences [1] seraient accordées à tous ceux qui contribueraient par leurs aumônes aux frais d'une croisade contre les Turcs et à l'achèvement de la basilique de Saint-Pierre de Rome. Les domini-

QUESTIONS. — 34. Quelle fut l'origine de la révolution religieuse appelée *réforme* ? — Donnez quelques détails

1. On nomme ainsi la grâce que l'Église accorde aux pénitents en leur remettant la peine temporelle due à leurs péchés. Mais il ne suffisait pas, pour racheter ses péchés, de donner une somme d'argent; l'Église exigeait aussi le repentir et la contrition des pécheurs.

cains, chargés de la publication des indulgences, en tirèrent profit pour leur compte. Les moines augustins, jaloux de la préférence accordée aux dominicains, se récrièrent contre cette mesure, et leur plus éminent docteur, Martin Luther [2], attaqua avec ardeur la vente des indulgences. Une fois engagé dans cette controverse, Luther, poussé par son orgueil, discuta les articles de foi, marcha d'erreur en erreur et s'enfonça dans le schisme. Après la question des indulgences, il attaqua l'autorité du pape et celle de l'Église; puis il rejeta le culte des saints, les vœux monastiques et les sacrements. Léon X prononça l'anathème contre les doctrines hérétiques de Luther, le menaçant de l'excommunication s'il ne révoquait pas ses erreurs. Luther, consommant sa rupture avec l'Église romaine, brûla la bulle du pape sur la place de Wittemberg (1520).

Charles-Quint, à la prière du légat du pape, fit sommer Luther de comparaître à la diète de Worms. Luther s'y rendit et refusa de se rétracter. Excommunié, il fut mis au ban de l'empire, c'est-à-dire banni de toutes les terres qui étaient sous la domination de l'empereur d'Allemagne. Frédéric, électeur de Saxe, lui donna asile dans

sur Luther. — Racontez sa rupture avec l'Église romaine. — Pourquoi les princes allemands adoptèrent-ils les doctrines de Luther? — Quels effets ces doctrines

1. Né à Eisleben, en Saxe (1483), Martin Luther entra, à vingt-deux ans, au couvent des Augustins d'Erfurt; il fut ordonné prêtre en 1506, et peu après sa réputation de savoir et d'éloquence le fit nommer professeur de philosophie à l'université de Wittemberg.

le château de Wartbourg, et de cette retraite, Luther inonda l'Europe de ses pamphlets contre l'Église catholique. La plupart des princes d'Allemagne n'étaient que trop disposés à embrasser les doctrines de l'audacieux réformateur, parce qu'elles leur offraient le moyen de s'approprier les richesses des églises et des couvents. Mais en même temps ces funestes doctrines soulevaient les paysans, auxquels des chefs fanatiques prêchaient l'égalité absolue, la communauté des biens, l'abolition de toute loi et de tout culte. Ils commirent les plus affreux excès. Thomas Munzer, disciple de Luther, se fit le chef d'une secte dite des *anabaptistes*, parce qu'ils voulaient un second baptême : ces sectaires brisaient les images sacrées, renversaient les autels, incendiaient les églises.

**35. Les protestants. Confession d'Augsbourg. Bataille de Mühlberg. Paix d'Augsbourg.**—En 1529, Charles-Quint, voulant se donner l'appui de tous les princes de l'Allemagne pour la guerre entreprise contre les Turcs, fit proclamer à la diète de Spire la liberté de conscience ; mais il défendit pour l'avenir toute innovation en matière religieuse. Les luthériens protestèrent contre cette décision, et de là vint le nom de *protestants* donné ensuite à tous les réformés. L'année suivante, Charles-Quint convoqua la diète d'Augs-

produisirent-elles chez les paysans ? — 35. D'où vient le nom de *protestants* donné aux luthériens ? — Qu'est-ce que la confession d'Augbourg ? — Quelle fut la cause

bourg, qu'il présida ; les protestants, pour distinguer leur cause de celle des autres sectes, firent une profession de foi rédigée par le savant docteur Mélanchton, et connue sous le nom de *Confession d'Augsbourg*. L'empereur refusa de l'approuver. Les principaux chefs des protestants resserrèrent leur union à Smalkalde, en signant une ligue pour la défense de leurs croyances et des lois de l'empire (1531).

En 1545, le pape Paul III convoqua un concile général à Trente, ville du Tyrol, dans l'espoir d'amener la conciliation. Les protestants refusèrent d'y envoyer leurs théologiens. Les décrets du concile, conformes à la tradition constante de l'Église, confirmèrent solennellement les dogmes rejetés par les protestants. La guerre éclata. Forts de l'appui d'Albert de Brandebourg[1], les protestants formèrent une armée considérable, sous les ordres de l'électeur de Saxe et du landgrave de Hesse. Charles-Quint, vainqueur à la bataille de Mühlberg (1547), fit prisonnier l'électeur de Saxe et le dépouilla de ses États, dont il investit le duc Maurice de Saxe. Mais quelques années après, l'empereur, contre lequel l'ambitieux Maurice avait pris les armes, en renouvelant la ligue de Smalkalde, se

de la guerre entre Charles-Quint et les protestants ? — Comment cette guerre se termina-t-elle ? — 36. Racontez

1. Albert de Brandebourg, grand maître de l'ordre Teutonique, avait embrassé le luthéranisme et s'était fait duc héréditaire de Prusse.

vit forcé de traiter avec ses sujets rebelles : il signa la paix d'Augsbourg, qui accordait aux protestants la liberté de conscience.

**36. La réforme en Suisse; Zwingle et Calvin. La réforme dans les Pays-Bas.** — En Suisse, Zwingle, curé de Zurich, attaqua, comme Luther, l'abus des indulgences, et dans la doctrine qu'il prêcha, il alla encore plus loin que Luther, en déclarant que l'Évangile était la seule règle de foi. Quatre cantons adoptèrent la nouvelle religion, dite *évangélique;* les huit autres, restés fidèles au culte catholique, formèrent une ligue pour la défense de leur foi. Les réformés, qui s'étaient aussi confédérés, prirent les armes : ils furent vaincus à Cappel (**1531**), et Zwingle périt dans le combat.

A peu près dans le même temps, la ville de Genève se constituait en république et se séparait de l'Église romaine. Calvin, né en France, à Noyon, avait été banni de sa patrie comme coupable d'hérésie et s'était réfugié à Genève. Là il prêcha et établit la religion à laquelle il a donné son nom, le *calvinisme,* qui rejetait l'autorité du pape, l'épiscopat, tout culte extérieur et la plupart des sacrements. Calvin exerça à Genève un empire absolu : violent et vindicatif, il punissait, même par des supplices, ceux qui osaient émettre des opinions contraires aux siennes.

ce que fut la réforme en Suisse. — Par qui fut-elle prêchée à Genève ? — Quelle religion Calvin y établit-il ? — Comment agit Philippe II pour arrêter les progrès de

La réforme s'était déjà propagée dans les Pays-Bas[1], lorsque le roi d'Espagne Philippe II, fils et successeur de Charles-Quint, résolut d'en arrêter les progrès. Mais au lieu d'user de ménagements, comme l'avait fait son père, il eut recours à la violence. Le duc d'Albe, nommé gouverneur des Pays-Bas, provoqua par ses rigueurs et ses cruautés, une terrible insurrection, à la suite de laquelle les sept provinces du Nord[2] se constituèrent en république, sous le nom de Provinces-Unies, et élurent pour stathouder ou gouverneur général Guillaume de Nassau, prince d'Orange, surnommé *le Taciturne* (**1579**). Deux ans après, les Provinces-Unies se séparèrent définitivement de l'Espagne[3].

la réforme dans les Pays-Bas? — Que résulta-t-il de ces rigueurs? — A qui et avec quel titre les Provinces-Unies confièrent-elles le pouvoir suprême?

1. Les Pays-Bas, comprenant dix-sept provinces, appartenaient à la couronne d'Espagne.
2. Ces sept provinces étaient : Hollande, Zélande, Gueldre, Utrecht, Frise, Over-Yssel et Groningue.
3. Voir le chapitre XX.

## CHAPITRE XIII.

États du Nord (Suède, Danemark et Norwége). Rupture de l'Union de Calmar. Christian I^er^, roi de Danemark. La Suède gouvernée par les administrateurs. Guerre entre les deux pays. — Christian II, roi de Danemark. La Suède soumise à sa domination. Ses vengeances et ses cruautés. — Gustave Wasa affranchit la Suède. Il est élu roi; ses institutions. Le luthéranisme en Suède et en Danemark.

**37. États du Nord (Suède, Danemark et Norwége). Rupture de l'Union de Calmar. Christian I^er^, roi de Danemark. La Suède gouvernée par les administrateurs. Guerre entre les deux pays.** — A la mort de Christophe de Bavière, en 1448, l'union de Calmar, qui avait maintenu jusqu'alors les trois couronnes du Nord sur la même tête, fut dissoute. Les états de Suède proclamèrent roi, sous le nom de Charles VIII, Charles Canutson, grand maréchal du royaume. En même temps, le Danemark et la Norwége, restés unis, élurent pour leur souverain Christian ou Christiern I^er^, de la maison d'Oldenbourg. Charles VIII mécontenta le peuple et le clergé; Christian profita des embarras de ce prince pour attaquer la Suède, dont il convoitait la possession. La ville de Stockholm assiégée se rendit après un mois de résistance, et Christian se fit couronner à Upsal (1457).

Questions. — 37. A quelle époque et comment fut dissoute l'union de Calmar? — Comment Charles VIII

Mais les lourds impôts dont il accabla ses nouveaux sujets excitèrent un soulèvement général ; il fut forcé de quitter le pays, et les Suédois rappelèrent leur ancien roi Charles VIII, qui s'était réfugié à Dantzick.

A la mort de Charles VIII (1470), le gouvernement de la Suède fut confié à son neveu, Sténon Sture, avec le simple titre d'administrateur. Christian I^er^ n'avait pas renoncé à ses prétentions, d'autant plus que l'aristocratie suédoise était favorable à sa cause. Il vint donc assiéger Stockholm. Mais Sténon Sture, fidèlement soutenu par les bourgeois et les paysans, prit des dispositions si habiles, que Christian fut complétement battu et dut renoncer à son entreprise. Le repos dont la Suède jouit alors, sous la sage administration de Sténon Sture, ne fut pas de longue durée. Jean, fils et successeur de Christian I^er^ (1481), la soumit, et, quand il crut que son pouvoir y était affermi, il retourna dans ses États. Cependant la Suède recouvra momentanément son indépendance, grâce aux talents de Swante Sture, qui avait remplacé Sténon Sture comme administrateur du royaume.

**38. Christian II, roi de Danemark. La Suède soumise à sa domination. Ses vengeances et ses cruautés.** — Swante Sture mourut en 1512, regretté de l'armée et du peuple. Son fils, Sténon

perdit-il et recouvra-t-il sa couronne? — Racontez la guerre entre la Suède et le Danemark. — Par qui l'indépendance de la Suède fut-elle défendue? — 38. Quel

Sture II ou le Jeune, fut élu administrateur, malgré l'opposition de la noblesse. Peu après, Christian II succédait à son père Jean et revendiquait la couronne de Suède. Ses prétentions ayant été repoussées, la guerre recommença. Sténon Sture II, vainqueur dans une première rencontre, fut mortellement blessé dans un second combat et son armée mise en déroute. Dès lors les Danois n'éprouvèrent plus qu'une faible résistance; tout le pays se soumit. La ville seule de Stockholm, vaillamment défendue par la veuve de Sténon Sture, ne consentit à capituler qu'à des conditions honorables.

Maître de la Suède, Christian II, déguisant ses desseins sanguinaires, se montra affable et promit de gouverner selon les lois et la justice. Mais à peine proclamé et couronné roi, il viola ses serments et dévoua à la mort tous ceux qu'il redoutait. Quatre-vingt-quatorze sénateurs ou évêques, les plus illustres personnages de la Suède, furent décapités le même jour. Puis le tyran, escorté de ses bourreaux, parcourut le royaume, et six cents victimes furent immolées à ses soupçons et à sa haine. Ces horribles cruautés, qui ont fait donner à Christian II le surnom de *Néron du Nord,* ne devaient pas rester impunies.

**39. Gustave Wasa affranchit la Suède. Il est élu**

prince attaqua encore la Suède? — Comment tomba-t-elle sous la domination des Danois? — Quelles furent les vengeances et les cruautés de Christian II? — 39. Par

**roi; ses institutions. Le luthéranisme en Suède et en Danemark.** — Au nombre des otages que Christian s'était fait livrer et qu'il tenait captifs en Danemark, se trouvait Gustave Wasa, descendant des anciens rois de Suède. Ce jeune homme parvint à s'échapper de sa prison, passa en Suède et chercha un refuge chez les paysans de la Dalécarlie. Quand il crut le moment favorable, il se fit connaître à eux et les excita à se soulever contre la domination étrangère. Il se vit bientôt à la tête d'une petite armée avec laquelle il battit les Danois et s'empara de Westeras et d'Upsal ; puis, le secours d'une flotte fournie par la ville de Lubeck lui permit d'assiéger Stockholm (1521).

Dans le même temps, Christian II, détesté de ses sujets danois, était déposé par les nobles du royaume, et la couronne donnée à son oncle, Frédéric, duc de Holstein. Gustave Wasa fut alors reconnu roi de Suède, et Stockholm lui ouvrit ses portes. Pour affermir son pouvoir, et plus encore pour le rendre absolu, ce prince résolut d'anéantir l'autorité du clergé, qui était alors riche et puissant. Il favorisa les progrès de la réforme religieuse, qui avait déjà pénétré en Suède, et afin d'intéresser les nobles à ses desseins, il les autorisa à revendiquer les biens que leurs ancêtres avaient donnés au clergé. Les états généraux, convoqués à Westeras (1527), accor-

qui et comment la Suède fut-elle affranchie ? — Quelle religion Gustave Wasa établit-il ? — Quelles institutions

dèrent au roi le droit de conférer les dignités ecclésiastiques, et attribuèrent à la couronne les revenus des évêchés et des monastères. Le roi professa publiquement le luthéranisme, et toute la nation suivit bientôt son exemple. Gustave Wasa laissa à son fils Éric XIV (1560) la couronne, déclarée héréditaire dans sa famille. Entre autres institutions utiles que la Suède lui dut, il faut mentionner la création d'une marine et l'organisation d'une armée permanente.

En Danemark, le roi Frédéric Ier et la noblesse avaient aussi embrassé le culte réformé. Mais les paysans, peu disposés à accepter les innovations religieuses, regrettaient leur ancien roi Christian II. Celui-ci, avec le secours que Charles-Quint lui fournit[1], tenta de ressaisir la couronne qu'il avait perdue : il fut vaincu, fait prisonnier et enfermé dans le donjon de Sonderbourg, où il resta jusqu'à sa mort. Débarrassé de ce rival, Frédéric Ier poursuivit l'œuvre de la réforme, et fit décréter par les états généraux d'Odensée l'adoption du luthéranisme. Son fils et successeur, Christian III, ne s'en tint pas là ; il abolit la hiérarchie catholique, et les évêques, déclarés déchus de leur pouvoir spirituel et temporel, furent dépouillés de leurs biens. La Norwége, malgré ses résistances, fut forcée d'ac-

sont dues à ce prince ? — Que firent Frédéric Ier et Christian III en Danemark ?

1. Christian II, après sa déposition, s'était retiré en Flandre, dans les Etats de Charles-Quint, son beau-frère.

cepter le nouveau culte que le Danemark lui imposa. Ainsi fut consommée la séparation des États du Nord et de l'Église romaine.

---

## CHAPITRE XIV.

Angleterre. — Henri VIII. Son ministre Wolsey. Divorce et excommunication du roi. Schisme anglican. — Supplice de Thomas Morus. Tyrannie et cruauté de Henri VIII. Dernières années de son règne. — Édouard VI. La réforme. Le régent Warwick.

**40. Henri VIII. Son ministre Wolsey. Divorce et excommunication du roi. Schisme anglican.** — Henri VIII, roi en 1509, abandonna le soin des affaires au cardinal Volsey, son principal ministre. Uniquement occupé de fêtes et de plaisirs, il dépensait en folles prodigalités les trésors amassés par son père. Il avait épousé en 1502 la tante de Charles-Quint, Catherine d'Aragon, veuve de son frère aîné Arthur. De ce mariage naquit Marie Tudor, qui fut plus tard reine d'Angleterre.

Après plus de vingt ans d'une union paisible, Henri VIII songea à la rompre, parce qu'il voulait élever au rang d'épouse et de reine une jeune fille nommée Anne Boleyn. Il feignit d'éprouver des scrupules sur la validité de son mariage avec

Questions. — 40. Pour quel motif Henri VIII voulut-il rompre son mariage avec Catherine d'Aragon? — Pour-

Catherine d'Aragon, et en demanda l'annulation au pape Clément VII. Le pape, alors prisonnier des troupes de Charles-Quint, donna au ministre Wolsey pleins pouvoirs pour instruire le procès du divorce; mais une fois libre, il révoqua les pouvoirs de Wolsey, en se réservant le droit de juger cette grave question. Henri VIII se vengea sur son ministre, qu'il dépouilla de ses biens et de ses dignités. Puis il fit prononcer le divorce par Thomas Crammer, simple chapelain, qu'il avait élevé à l'archevêché de Cantorbéry, et il épousa Anne Boleyn, qui fut reconnue comme reine. A cette nouvelle, le pape menace le roi d'excommunication, s'il ne reprend pas sa première femme; Henri résiste, et il est excommunié (1534). Alors, pour se venger, il brisa les liens qui unissaient l'Angleterre au saint-siége, et le schisme fut consommé. Le parlement décida que le royaume ne serait plus soumis à l'autorité pontificale, et confirma au roi le titre de chef suprême de l'Église anglicane. En même temps, il déclara que la couronne appartiendrait aux enfants de la nouvelle reine, au préjudice de la fille de Catherine d'Aragon. Anne Boleyn venait de donner le jour à celle qui fut plus tard la célèbre Élisabeth.

**41. Supplice de Thomas Morus. Tyrannie et cruauté de Henri VIII. Dernières années de son règne.** — Les persécutions commencèrent bientôt.

quoi fut-il excommunié ? — Que fit-il alors ? — **41.** Quel serment Henri VIII exigea-t-il de tous ses sujets ? —

Malheur à ceux qui ne prêtaient pas le serment de suprématie, c'est-à-dire qui refusaient de reconnaître la suprématie religieuse du roi : ils étaient livrés à la hache du bourreau. Au nombre des premières victimes furent le vénérable évêque de Rochester, Jean Fisher, et l'illustre chancelier Thomas Morus. Henri VIII n'épargna pas même la femme pour laquelle il avait foulé aux pieds tous ses devoirs. Sur de vagues accusations, il fit condamner à mort Anne Boleyn, et peu après il épousait Jeanne Seymour, qui mourut en donnant le jour à un fils nommé Édouard (1537).

Henri VIII supprima les monastères, dont il s'appropria les biens. Puis, il fit traduire la Bible en langue vulgaire, et, en s'attaquant ainsi aux croyances de l'Église catholique, il propageait l'hérésie et donnait accès aux doctrines du protestantisme. Une révolte de l'Irlande et une guerre contre l'Écosse remplirent les dernières années du règne de ce monarque. L'Irlande n'acceptait pas ses innovations religieuses ; elle fut battue, pacifiée et érigée en royaume (1545). Jacques V, d'Écosse, neveu du roi d'Angleterre, reçut l'ordre d'adopter ses opinions : il s'y refusa ; Henri lui déclara la guerre ; mais le roi d'Écosse mourut dès le commencement des hostilités, laissant pour héritière une enfant au berceau, Marie Stuart, qui fut placée sous la tutelle

Quelles furent les premières victimes de sa cruauté ? — Comment donna-t-il accès au protestantisme ? — Par quels actes furent signalées les dernières années de son

de sa mère, Marie de Lorraine, sœur des Guises. Henri mourut en 1547, à l'âge de cinquante-sept ans. Sous son règne, le pays de Galles fut incorporé au royaume d'Angleterre.

**42. Édouard VI. La réforme. Le régent Warwick.** — Le fils de Jeanne Seymour, Édouard VI, avait à peine dix ans lorsqu'il succéda à son père Henri VIII. Son oncle maternel reçut le titre de protecteur du royaume et de duc de Somerset. Zélé partisan de la réforme, Somerset fit élever son neveu dans ces doctrines, et obtint du parlement un bill qui abolissait les cérémonies du culte catholique. L'élévation du protecteur avait excité bien des jalousies, surtout celle de son frère, qui aspirait au titre de régent. Alors Somerset, cédant aux perfides conseils de Dudley, comte de Warwick, qui voulait se débarrasser des deux frères pour prendre leur place, fit condamner à mort par le parlement son frère Seymour, comme coupable de haute trahison : c'était un assassinat. Warwick n'eut pas de peine à ruiner le crédit du protecteur, que le meurtre de son frère et ses persécutions contre les catholiques rendaient odieux. Somerset résigna ses fonctions, et s'humilia lâchement en demandant sa grâce à genoux pour éviter le supplice.

Le comte de Warwick, devenu protecteur du royaume, s'occupa surtout d'affermir l'œuvre

règne ? — 42. A qui fut confiée l'administration du royaume pendant la minorité d'Édouard VI ? — Que fit Somerset ? — Comment fut-il renversé du pouvoir ?

de la réforme pour complaire au jeune roi son maître. Créé duc de Northumberland, Warwick portait ses vues plus haut. Il obtint du roi, dont la faible santé dépérissait chaque jour, un édit qui confirmait l'acte du parlement en vertu duquel les deux sœurs de ce prince, Marie et Élisabeth, avaient été exclues du trône. Il détermina ensuite Édouard VI à léguer sa couronne à Jeanne Grey de Suffolk, arrière-petite-fille de Henri VIII, à laquelle il avait fait épouser son fils Guilford Dudley. Édouard VI mourut l'année suivante, dans sa seizième année (1553).

---

## CHAPITRE XV.

France. — La réforme et les guerres de religion. François II. Les Guises. Conjuration d'Amboise. — Charles IX. Catherine de Médicis. La Saint-Barthélemy. — Henri III. La Ligue; puissance des Guises. Mort de Henri III.

**43. La réforme et les guerres de religion. François II. Les Guises. Conjuration d'Amboise.** — La France était trop voisine de l'Allemagne et de la Suisse pour que la réforme ne finît pas par y pénétrer ; elle y fit même d'assez grands progrès sous François Ier et Henri II. Ces deux princes

— Quelles mesures prit le comte de Warwick pour assurer le trône à sa famille?

QUESTIONS. — 43. Quelle fut la cause des guerres dites

se montrèrent tour à tour, suivant les intérêts de leur politique, tolérants ou persécuteurs à l'égard des nouvelles doctrines. Sous les règnes suivants, la France fut déchirée par d'affreuses discordes civiles dites guerres de religion; mais la religion, il faut le dire, ne servit que de prétexte à l'ambition et à la haine des factions rivales des Guises et des Bourbons, qui se disputaient le pouvoir.

Henri II laissait quatre fils. L'aîné, François II, qui lui succéda, n'était qu'un enfant de seize ans : maladif, faible d'esprit, incapable de gouverner, il abandonna toute l'autorité à sa mère, Catherine de Médicis, et aux princes lorrains, le duc François de Guise et le cardinal Charles de Lorraine, oncles de sa femme, Marie Stuart. Alors se formèrent deux partis politiques et religieux. Les Guises se firent les chefs du parti catholique. Les protestants avaient à leur tête le roi de Navarre, Antoine de Bourbon, père de celui qui fut plus tard Henri IV, le prince Louis de Condé, frère d'Antoine, et l'amiral de Coligny.

Mécontents de se voir écartés du gouvernement, Condé et Coligny se concertèrent pour renverser les Guises et s'emparer de la personne du jeune roi. L'exécution de cette entreprise, connue sous le nom de conjuration d'Amboise,

de religion qui déchirèrent la France? — A qui François II abandonna-t-il l'autorité? — Quels étaient les chefs du parti protestant? — Racontez la conjuration d'Amboise.

fut confiée à La Renaudie, gentilhomme périgourdin; mais le complot fut révélé aux Guises, qui prirent les dispositions nécessaires pour le faire avorter. La Renaudie fut tué, et tous les conjurés qu'on put saisir périrent dans les supplices. Condé lui-même fut arrêté et condamné à mort, et la sentence allait être exécutée, lorsqu'il fut sauvé par la mort de François II (1560), mort soudaine et inattendue qui changea tout le gouvernement de la cour.

**44. Charles IX. Catherine de Médicis. La Saint-Barthélemy.** — Charles IX, qui succéda à François II, n'avait que dix ans et demi. La reine-mère, Catherine de Médicis, s'empara du pouvoir, et voulant le conserver à tout prix, elle pratiqua une politique astucieuse, ménageant et flattant tour à tour tous les partis, pour mieux les tromper. Le chancelier Michel de L'Hôpital, homme vénérable par ses vertus et par son dévouement à la patrie, s'efforçait vainement d'inspirer à tous des sentiments de paix et d'union. La haine des factions rivales n'attendait qu'une occasion pour éclater : cette occasion se présenta.

Au mois de mars 1562, le duc de Guise passait par la petite ville de Vassy, en Champagne, lorsque les gens de son escorte se prirent de querelle avec des protestants, qu'on appelait aussi huguenots, et en tuèrent un grand nombre. Ce fut là le signal des guerres civiles qui désolèrent la

— 44. Quelle était la politique de Catherine de Médicis? — Quel événement fut le signal des guerres civiles? —

France. Les principaux faits de ces guerres, sous Charles IX, furent les batailles de Dreux et de Saint-Denis, où les catholiques furent vainqueurs; la mort du duc de Guise, assassiné devant Orléans qu'il assiégeait ; la bataille de Jarnac, où le prince de Condé fut tué, et celle de Moncontour, gagnées encore par les catholiques.

Malgré leurs défaites, lès protestants formaient toujours un parti redoutable. Pour les désarmer, Catherine de Médicis conclut avec eux la paix de Saint-Germain (1570), qui leur accordait des avantages considérables. Mais cette paix n'était qu'un piége perfide. Le 24 août 1572, jour de la Saint-Barthélemy, vers deux heures du matin, sur des ordres partis de la cour, la cloche de Saint-Germain-l'Auxerrois, la paroisse royale, donna le signal du massacre des protestants. L'amiral de Coligny fut une des premières victimes. De Paris le massacre s'étendit aux provinces. Deux ans après, Charles IX mourait accablé de remords (1574).

**45. Henri III. La Ligue; puissance des Guises. Mort de Henri III.** — A la nouvelle de la mort de Charles IX, son frère, Henri, duc d'Anjou, qui avait été élu roi de Pologne en 1573, se hâta de quitter cette contrée pour venir régner en France sous le nom de Henri III. Les protestants, qui avaient repris les armes, obtinrent du roi un édit qui leur accordait les avantages les plus

Quels furent les principaux faits de ces guerres sous Charles IX? — 45. Qu'était-ce que la Ligue? — Qui en

considérables. Les catholiques, irrités de ces concessions, formèrent une grande association appelée *la Ligue*, dont le chef fut Henri de Guise, surnommé le Balafré, comme son père François de Guise. Les hostilités recommencèrent, et la France fut encore désolée par les guerres civiles.

Henri de Béarn, qui fut plus tard Henri IV, fils et héritier du roi de Navarre Antoine de Bourbon [1], commandait les troupes des protestants. Henri III, effrayé de la puissance des Guises et commençant à craindre pour sa couronne, crut conjurer le péril en se déclarant le chef de la Ligue. Mais toutes ses manœuvres aboutirent à susciter la huitième et dernière guerre, dite des trois Henri [2], dans laquelle Henri de Navarre gagna sur l'armée royale la bataille de Coutras, en Périgord (1587). Vers le même temps le duc de Guise repoussait à Montargis et à Auneau une invasion d'Allemands, et cette victoire le rendit plus cher aux ligueurs. Henri III lui enjoint de rester éloigné de la capitale. Guise, ne tenant aucun compte de cet ordre, entre dans Paris, où il est reçu en triomphe. Le roi appelle pour sa défense six mille Suisses. Alors le peuple élève partout des barricades et les pousse jusqu'au Louvre. Henri III ne s'é-

était le chef ? — Pourquoi Henri III fut-il forcé de sortir

1. Antoine de Bourbon avait été tué au siége de Rouen en 1563.

2. Henri de Navarre, Henri de Guise et Henri de Condé.

chappa qu'à grand'peine de son palais et convoqua les états généraux à Blois. Le duc de Guise s'y rendit et fut assassiné par les gardes particuliers du roi et sous ses yeux.

A la nouvelle de ce meurtre, Paris se souleva : le duc de Mayenne, frère du duc de Guise, fut nommé lieutenant général du royaume. Henri III n'eut plus d'autres ressources que de se réconcilier avec le roi de Navarre. Ces deux princes ayant réuni leurs forces assiégeaient Paris, lorsque Henri III fut poignardé à Saint-Cloud par un fanatique nommé Jacques Clément (1589). Avec lui s'éteignit la race des Valois. Henri de Bourbon et de Navarre se trouvait le plus proche héritier de la couronne comme descendant du comte de Clermont, cinquième fils de saint Louis.

## CHAPITRE XVI.

Angleterre et Écosse. — Marie, reine d'Angleterre; rétablissement de la religion catholique. Élisabeth; rétablissement de la religion réformée. — La réforme en Écosse. Marie Stuart. Son mariage; ses malheurs. — Captivité et supplice de Marie Stuart. Guerre de l'Angleterre avec Philippe II. Dernières années du règne d'Élisabeth.

**46. Marie, reine d'Angleterre; rétablissement de la religion catholique. Élisabeth; rétablisse-**

de Paris? — Racontez la mort du duc de Guise et celle de Henri III.

Questions. — 46. De quels soins s'occupa Marie Tudor

**ment de la religion réformée.** — Au fils de Jeanne Seymour succéda Marie Tudor, sa sœur, fille de Catherine d'Aragon. Élevée sous les yeux de sa mère, fervente catholique, Marie Tudor avait conçu une profonde antipathie pour les nouvelles opinions. Elle résolut de ramener l'Angleterre au catholicisme, et rétablit d'abord sur leurs siéges les évêques qui avaient été dépossédés sous les deux derniers règnes. Ensuite, pour accomplir son dessein, elle chercha un appui dans la famille de sa mère et épousa son cousin Philippe II, fils de Charles-Quint (1554). Le parlement anglais, après quelque opposition, se montra tout disposé à seconder la reine et rétablit la religion catholique, apostolique et romaine : le légat du pape, le cardinal Poole, prononça solennellement la réconciliation du royaume avec l'Église de Rome. Mais les persécutions et les cruelles rigueurs que les conseillers de Marie lui firent adopter contre les protestants la rendirent odieuse à ses sujets; elle en conçut un violent chagrin, augmenté encore par la perte de la ville de Calais, dont le duc de Guise s'était emparé : elle tomba malade et mourut à l'âge de quarante-deux ans, laissant la couronne à sa sœur Élisabeth (1588).

Élisabeth, fille de Henri VIII et d'Anne de Boleyn, était protestante. Aussi, à peine montée

au commencement de son règne? — Dans quelle famille chercha-t-elle un appui? — Pourquoi devint-elle odieuse à ses sujets? — A qui laissa-t-elle la couronne? — Quelle

sur le trône, voulut-elle rétablir la religion réformée. Elle se fit donner par la chambre des lords le titre de chef suprême de l'Église d'Angleterre et de l'État. Les actes du règne précédent furent annulés, et les statuts de Henri VIII et d'Édouard VI remis en vigueur. Les évêques, les simples prêtres, les fonctionnaires de tout rang, furent requis, sous peine de perdre leurs dignités et leurs places, d'affirmer par serment la suprématie de la couronne, au spirituel comme au temporel. Les persécutions et les rigueurs contre les catholiques furent alors aussi violentes qu'elles l'avaient été contre les protestants sous Marie Tudor. Tout en adoptant les dogmes du calvinisme, Élisabeth maintint la hiérarchie catholique avec les évêques nommés par elle. Ainsi fut constituée la *religion anglicane* telle qu'elle est encore aujourd'hui.

**47. La réforme en Écosse. Marie Stuart. Son mariage; ses malheurs.** — Les opinions protestantes avaient pénétré en Écosse vers la fin du règne de Jacques V. Pendant la minorité de Marie Stuart, sa fille et son héritière, elles s'y propagèrent rapidement, malgré les efforts de la régente Marie de Lorraine pour en arrêter les progrès. Jean Knox, disciple de Calvin, prêcha en Ecosse la doctrine de son maître et souleva les passions populaires par ses violentes déclamations contre l'Église romaine. Le parlement

religion Élisabeth établit-elle en Angleterre? — 47. Par qui la réforme fut-elle prêchée en Ecosse? — Quels excès

écossais, soumis à l'influence du fougueux réformateur, proscrivit la religion catholique et décréta l'établissement de l'Église presbytérienne, qui n'admet que de simples ministres du culte, tous censés égaux. Puis Jean Knox, avec l'autorisation du parlement, fit détruire les abbayes, les églises, les chapelles, les bibliothèques ; tous les ornements du culte catholique furent brûlés et dispersés (1561).

C'est dans ces tristes circonstances que Marie Stuart, après la mort de son époux François II, quittait à regret la France pour venir en Ecosse régner sur un peuple grossier et fanatique. Sa douceur et sa modération lui gagnèrent d'abord les cœurs de ses sujets, qui lui manifestèrent le désir de la voir contracter un second mariage pour assurer la succession au trône. En 1565, elle épousa son cousin germain Henri Darnley, qui, sous des dehors séduisants, cachait des instincts dépravés. Aussi la mésintelligence ne tarda pas à se mettre entre les deux époux. Darnley, jaloux de l'Italien David Rizio, secrétaire et confident de Marie Stuart, le fit assassiner sous les yeux de la reine. Ce prince périt lui-même de mort violente (1567), et peu de temps après Marie épousait le comte de Bothwell, que l'opinion publique accusait de ce meurtre. La noblesse protestante se révolta et prit les armes.

furent commis par les réformateurs? — Quelles infortunes Marie Stuart s'attira-t-elle en épousant Henri Darnley, et, après la mort de ce prince, le comte de Bothwell?

Les troupes royales furent battues : Bothwell s'enfuit en pays étranger, et Marie Stuart, prisonnière, fut enfermée au château de Lochleven et contrainte d'abdiquer en faveur de son fils unique, Jacques VI, enfant de treize mois.

**48. Captivité et supplice de Marie Stuart. Guerre de l'Angleterre avec Philippe II. Dernières années du règne d'Élisabeth.** — Cependant, grâce au dévouement des seigneurs catholiques qui lui étaient restés fidèles, Marie Stuart réussit à s'échapper du château de Lochleven. Elle se réfugia en Angleterre et demanda à sa cousine, la reine Élisabeth, de lui donner un asile. Élisabeth, ne voyant en elle qu'une rivale dont elle était jalouse, et ne lui pardonnant pas d'être catholique et son héritière, la retint, au mépris de toute justice, dans une étroite captivité qui devait durer dix-neuf ans. La pitié qu'inspiraient les infortunes de Marie Stuart lui donna un grand nombre de partisans parmi les seigneurs catholiques anglais. Plusieurs complots furent tramés pour sa délivrance. Élisabeth prit prétexte de ces complots pour faire juger Marie, qui fut condamnée à mort et décapitée le 7 février 1587.

Philippe II résolut de venger la mort de Marie Stuart, comme un outrage fait au catholicisme et à la majesté royale. Il déclara la guerre à l'Angleterre et rassembla une immense flotte orgueilleusement nommée l'*invincible Armada*. Elisa-

— 48. Où se réfugia Marie Stuart en quittant l'Écosse ? — Comment Elisabeth se conduisit-elle à son égard ? — Quel prétexte prit-elle pour la faire juger et condamner à

beth ne s'effraya point : secondée par toute la nation, elle prit les mesures les plus actives pour résister à son ennemi. La flotte espagnole, assaillie par deux violentes tempêtes, harcelée par les vaisseaux anglais, fut détruite en grande partie.

La fin du règne d'Elisabeth fut troublée par une révolte des Irlandais. La reine envoya contre eux le comte d'Essex, son favori, qui ne réussit pas dans sa mission et fut disgracié. Le comte, irrité, osa conspirer contre sa souveraine : accusé de haute trahison, il fut condamné à mort et exécuté en 1601. Depuis ce moment, Élisabeth, devenue sombre et mélancolique, tomba dans une maladie de langueur et mourut le 24 mars 1603, à soixante et dix ans. Elle avait désigné pour son successeur le fils de Marie Stuart, Jacques VI, roi d'Écosse, qui prit le nom de Jacques Ier en montant sur le trône d'Angleterre.

mort? — Racontez la guerre de Philippe II avec l'Angleterre et les dernières années du règne d'Elisabeth.

## CHAPITRE XVII.

France. — Henri IV. Victoires d'Arques et d'Ivry. Siége de Paris. — Abjuration du roi. Paix de Vervins. Édit de Nantes. — Administration de Henri IV. Sully. Desseins de Henri IV. Sa mort.

**49. Henri IV. Victoires d'Arques et d'Ivry. Siége de Paris.** — Après la mort de Henri III, le dernier des Valois, Henri de Bourbon et de Navarre, son successeur légitime, fut proclamé roi de France sous le nom de Henri IV. Mais beaucoup de seigneurs et de gentilshommes catholiques se retirèrent, ne voulant pas servir sous un roi huguenot. Cette désertion affaiblit tellement l'armée de Henri IV, qu'il ne put pas continuer le siége de Paris. Il se replia vers la Normandie, vivement poursuivi par le duc de Mayenne, chef de la Ligue. Retranché dans une forte position près d'Arques, il repoussa les attaques de son ennemi et resta maître du champ de bataille (septembre 1589). L'année suivante (mars 1590), il fut encore vainqueur à Ivry-sur-Eure, près de Dreux. Henri, qui avait combattu comme le plus brave soldat, mit le comble à sa gloire en ordonnant à ses compagnons d'épargner les Français.

Le roi profita de sa victoire pour aller aussitôt assiéger Paris, qui lui opposa la plus vive résis-

Questions. — 49. Quelle cause empêcha Henri IV de continuer le siége de Paris ? — Quelles victoires rem-

tance. Les habitants eurent bientôt à subir toutes les horreurs de la famine. Henri, ému de pitié, laissa sortir de la place un grand nombre de vieillards, de femmes et d'enfants, et permit à ses soldats de donner des vivres aux assiégés. Il était sur le point de se rendre maître de la ville, lorsque le général espagnol, Alexandre Farnèse, duc de Parme, arrivant avec une puissante armée, le força de lever le siége.

**50. Abjuration du roi. Paix de Vervins. Édit de Nantes.** — Cependant la Ligue s'affaiblissait à Paris par ses divisions, ses violences et ses excès. Le duc de Mayenne aspirait au souverain pouvoir; mais il avait contre lui la faction espagnole, qui voulait donner la couronne de France à la princesse Claire-Isabelle, fille de Philippe II. Henri IV comprit enfin que sa conversion seule pouvait amener la pacification du royaume. Le 25 juillet 1593, il abjura solennellement ses erreurs dans l'église de Saint-Denis, entre les mains de l'archevêque de Bourges, et au mois de février 1594 il se fit sacrer à Chartres. La Ligue fut obligée de se soumettre; les Français rentrèrent peu à peu dans le devoir. Le duc de Brissac ouvrit à Henri les portes de Paris, le 22 mars. Mayenne fit sa soumission au commencement de 1596.

Restait encore la guerre engagée avec les Espagnols. Henri IV les battit à Fontaine-Fran-

porta-t-il? — Racontez le siége de Paris. — 50. Comment la Ligue s'affaiblissait-elle? — Racontez la conversion de Henri IV. — Quelles en furent les consé-

çaise, près de Dijon (1595), leur reprit Amiens (1597), et signa avec Philippe II la paix de Vervins (2 mai 1598), à des conditions avantageuses pour la France. Cette paix avait été précédée, au mois d'avril, par le célèbre édit de Nantes, qui mit un terme aux guerres de religion. Par cet acte, le roi accordait aux protestants la liberté de conscience et l'exercice public de leur culte dans les villes où il était établi; la jouissance de tous les droits de citoyen, l'admission aux emplois publics; enfin des places de sûreté, La Rochelle, Montauban, Cognac.

**51. Administration de Henri IV. Sully. Desseins de Henri IV. Sa mort.** — Délivré de tout soin extérieur, Henri tourna ses vues vers l'administration de son royaume et s'appliqua à faire jouir ses sujets des bienfaits de la paix. Il voulait que *le paysan pût mettre la poule au pot au moins le dimanche*. Il rétablit l'ordre dans les finances, assura la solde aux troupes, releva la marine, remplit les arsenaux, protégea et encouragea l'agriculture, l'industrie et le commerce. Il fut, dans tous ses travaux, merveilleusement secondé par le baron de Rosny, plus connu sous le nom de duc de Sully, son ami fidèle et sincère, dont il fit son premier ministre. Pour faciliter le commerce, il fit creuser le canal de Briare, qui unit la Loire à la Seine; il signa avec la Turquie un traité qui mettait le commerce chrétien dans les

quences? — Qu'est-ce que l'édit de Nantes? — 51. Que fut l'administration de Henri IV? — Par qui fut-il se-

mers du Levant sous la protection du pavillon français. Enfin, c'est du règne de Henri IV que date la colonisation de la Guyane, ainsi que celle du Canada, où Samuel de Champlain, gentilhomme de Saintonge, jeta, en **1608**, sur les bords du fleuve Saint-Laurent, les fondements de la ville de Québec.

Fort de l'amour de ses sujets et du bon état de ses finances, Henri nourrissait depuis longtemps déjà le dessein d'abaisser la maison d'Autriche, dont la puissance était inquiétante. Il avait aussi conçu un plan de réorganisation de l'Europe, qui aurait été divisée en six monarchies héréditaires, cinq monarchies électives et quatre républiques souveraines. Un conseil ou tribunal suprême de députés de tous les États aurait décidé de tous les différends et empêché ainsi les injustices et les guerres. Tout était prêt pour l'exécution de ces vastes projets. Déjà une armée nombreuse s'était mise en marche; il allait en prendre le commandement, lorsque, le **14** mai **1610**, se rendant à l'Arsenal pour voir Sully malade, il fut assassiné par un fanatique, nommé François Ravaillac. Ce grand roi fut pleuré et regretté de ses sujets, qui ne l'appelaient que le *bon Henri*.

condé? — Quels desseins méditait-il? — Comment périt ce bon roi?

## CHAPITRE XVIII.

Angleterre. — Avénement des Stuarts. Jacques Ier; son impopularité. Conspiration des poudres. Faveur de Buckingham. — Charles Ier. Opposition des parlements. Assassinat de Buckingham. Le ministre Strafford. — Gouvernement personnel de Charles Ier. Insurrection en Écosse; les covenantaires. Convocation du Long parlement.

**52. Avénement des Stuarts. Jacques Ier; son impopularité. Conspiration des Poudres. Faveur de Buckingham.** — L'avénement de Jacques Ier, en qui commence la dynastie des Stuarts, eut pour résultat la réunion paisible et immédiate de l'Écosse et de l'Angleterre sous le même sceptre. Les espérances de paix intérieure que le commencement de ce règne faisait concevoir, ne devaient point se réaliser. Faible de caractère, indécis, timide jusqu'à la lâcheté, il se laissa dominer par tous ceux qui l'entouraient. Très-instruit, mais pédant et frivole, il s'occupait plutôt de discussions théologiques que des soins du gouvernement.

Les catholiques, cruellement persécutés par Élisabeth, s'attendaient à voir le fils de Marie Stuart apporter quelque adoucissement à leur sort : il n'en fut rien. Jacques renouvela contre eux les statuts tyranniques du règne précédent. C'est dans ces circonstances qu'un gentilhomme,

QUESTIONS. — 52. Quel était le caractère de Jacques Ier ?

nommé Robert Catesby, conçut un horrible projet, auquel il associa plusieurs complices, et qui est connu dans l'histoire sous le nom de conspiration des poudres. Il ne s'agissait de rien moins que d'exterminer d'un seul coup le roi, la famille royale, les lords et les membres de la chambre des communes, à l'aide de trente-six barils de poudre déposés dans les caves du palais de Westminster, sous la salle même des séances (1605). Le projet fut révélé par une lettre anonyme que l'un des conjurés écrivit à un pair de ses amis, pour l'empêcher de se rendre au parlement. Les coupables furent pris et livrés au supplice.

Jacques s'aliénait de jour en jour l'estime et la confiance de la nation par son insouciance pour les affaires de l'État et ses prodigalités. Il se laissait gouverner par son favori, Georges Villiers, qu'il créa successivement baron, marquis, duc de Buckingham, grand écuyer, garde des cinq ports, grand amiral. Dispensateur de toutes les dignités, de tous les offices du royaume, Buckingham n'usa de son pouvoir sans bornes que pour s'enrichir et étaler un luxe insolent. Le parlement, convoqué deux fois et deux fois dissous, avait manifesté son mécontentement et n'avait accordé au roi que de légers subsides. Jacques, pour se procurer de l'argent, n'eut pas honte de vendre les charges de la cour et les

— Racontez la conspiration des poudres. — Par qui Jacques se laissa-t-il gouverner? — Comment Buckingham

fonctions de juges. L'opposition du parlement commençait à devenir menaçante pour la royauté, lorsque Jacques mourut en 1625, après avoir conclu le mariage de son fils Charles avec la princesse Henriette de France, fille de Henri IV et sœur de Louis XIII.

**53. Charles Ier. Opposition des parlements. Assassinat de Buckingham. Le ministre Strafford.** — Charles était âgé de vingt-cinq ans lorsqu'il succéda à son père. Son caractère loyal et généreux, son amour de la justice, ses mœurs graves et pures, faisaient concevoir les plus heureuses espérances. Malheureusement, il donna toute sa confiance au puissant favori Buckingham, dont le crédit fut plus grand encore que sous le dernier règne. De plus, Charles Ier, jaloux des prérogatives royales, voulait gouverner en monarque absolu, ce qui n'était guère compatible avec les droits et les libertés que la nation réclamait. Le premier parlement, convoqué en 1625, ne vota que pour un an les droits des douanes, toujours accordés précédemment pour la durée du règne : il fut dissous. Un second parlement, celui de 1626, se montra plus hostile encore : il mit Buckingham en accusation. Le roi se débarrassa du parlement pour sauver son favori. Puis, dans l'espoir de se rendre populaire, il déclara la guerre à la France, sous prétexte de soutenir

usa-t-il de son pouvoir? — 53. Quelles espérances l'avénement de Charles Ier fit-il concevoir? — Quelle fut la cause de la lutte entre le roi et le parlement? — Par quels faits la convocation des trois premiers parlements

la cause des protestants, et il envoya une flotte au secours des Rochellois assiégés. Buckingham, qui la commandait, échoua complétement dans son entreprise. Le roi, ayant besoin d'argent, convoqua un troisième parlement (1628). Les communes lui accordèrent des subsides, mais à la condition qu'il accepterait un acte qu'elles avaient rédigé sous le nom de *bill* ou *pétition des droits*, et qui devait rendre impossible à l'avenir toute mesure illégale. Charles se résigna à adopter la pétition des droits.

Enhardies par cette victoire, les communes adressèrent au roi une remontrance dans laquelle Buckingham était déclaré l'auteur des maux publics. Le parlement fut prorogé. Peu après, un Irlandais fanatique, nommé Felton, assassina Buckingham. Charles signa la paix avec la France, et résolut de gouverner désormais sans l'intervention du parlement. Il avait gagné à sa cause et admis au nombre de ses ministres Laud, archevêque de Cantorbéry, et Thomas Wentworth, plus tard comte de Strafford, le plus célèbre des chefs de l'opposition dans la chambre des communes.

**54. Gouvernement personnel de Charles Ier. Insurrection en Écosse; les covenantaires. Convocation du Long parlement.** — Le gouvernement personnel et absolu de Charles Ier dura onze années (1629-1640). Le roi, secondé par son habile

fut-elle signalée? — Quelle résolution le roi prit-il? — Quels hommes choisit-il pour ministres? — 54. La tran-

ministre et fidèle serviteur, le comte de Strafford, s'occupa activement de l'administration intérieure. L'agriculture et le commerce firent de grands progrès. La tranquillité semblait rétablie dans le royaume; mais ce n'était qu'un calme momentané : les germes de discorde subsistaient toujours. Les dépenses de la cour étaient excessives : le roi, pour se procurer l'argent dont il avait besoin, eut recours à des taxes nouvelles sur diverses marchandises, impôts arbitraires qui excitèrent un vif mécontentement. D'autre part, Laud, archevêque de Cantorbéry, voulut imposer à l'Écosse une liturgie nouvelle, qui, sous le rapport des cérémonies religieuses, était assez semblable à la liturgie romaine; les Écossais s'insurgèrent, prirent les armes et signèrent un *covenant,* c'est-à-dire un acte d'association pour la défense du presbytérianisme. Les signataires de ce pacte furent nommés *covenantaires.* Charles marcha contre l'Écosse avec vingt mille hommes pour réduire les rebelles (1639). Mais, comme il aimait les Écossais, il se laissa fléchir par une feinte soumission, leur accorda l'abolition de la liturgie imposée par Laud et congédia son armée.

Le roi, dont toutes les ressources étaient épuisées, se résigna à convoquer un quatrième parlement (1640). Les nouveaux députés, avant de voter les subsides, exigèrent la réparation de

quillité dont jouit le royaume sous le gouvernement personnel de Charles fut-elle durable? — Racontez l'in-

tous les abus. Charles, au bout d'un mois, cassa ce parlement. Mais alors, voyant avec tristesse toutes les difficultés de sa position, il convoqua un cinquième parlement, appelé le *Long parlement*, qui devait renverser la monarchie (3 novembre 1640).

---

## CHAPITRE XIX.

Angleterre. — Le Long parlement: procès et supplice de Strafford. Révolte en Irlande. Coup d'État tenté par Charles Ier: guerre civile. — Olivier Cromwell. Batailles de Newbury et de Marston-Moor. Montrose en Écosse. — Défaite de l'armée royale à Naseby. Charles Ier dans le camp des Écossais. Son procès; son supplice.

**55. Le Long parlement; procès et supplice de Strafford. Révolte en Irlande. Coup d'État tenté par Charles Ier; guerre civile.** — Parmi les membres qui composaient le Long parlement, il y avait des hommes modérés et sincères qui ne voulaient que restreindre sagement l'autorité royale; mais beaucoup d'autres, désignés sous le nom d'*indépendants*, étaient résolus à la détruire. Le parlement dirigea ses premiers coups contre les deux principaux ministres, le comte de Strafford et Laud, archevêque de Cantorbéry, qui furent ar-

surrection de l'Écosse. — Comment le roi fut-il amené à convoquer le parlement?

QUESTIONS. — 55. Comment était composé le Long

rêtés et conduits à la Tour de Londres. Strafford, mis en jugement, réfuta victorieusement les accusations portées contre lui, et néanmoins il fut condamné à mort. Le roi refusait de signer l'arrêt. Strafford, dans une lettre touchante, le supplia de l'abandonner à ses ennemis pour sauver sa couronne. Charles signa en pleurant, et, le 12 mai 1641, la tête de Strafford tomba sur l'échafaud. Quatre ans après, Laud subissait aussi le dernier supplice.

Le parlement, devenu plus audacieux, s'empara de toute l'autorité, et décréta que désormais il ne pourrait plus être dissous que de son propre consentement. Sur ces entrefaites, on apprit qu'une terrible insurrection avait éclaté en Irlande contre le gouvernement. Charles demanda au parlement la répression de cette révolte. La chambre des communes lui répondit par une véhémente remontrance sur l'état du royaume, enleva au roi la conduite de cette guerre et se l'attribua. Le roi, poussé à bout, se rendit lui-même à l'assemblée des communes pour arrêter cinq membres qu'il accusait de haute trahison. La chambre refusa de livrer les députés, qui, du reste, prévenus d'avance, avaient quitté la salle. En présence de l'attitude menaçante du peuple, le roi n'osa point employer la force. Il se retira à York et la guerre civile commença (1642).

Les ressources des deux partis, parlementaire

parlement? — Racontez le procès et le supplice de Strafford. — Quel coup d'État fut tenté par Charles Ier?

et royaliste, étaient bien différentes. Charles avait pour lui la plus grande partie de la noblesse, habituée au maniement des armes, mais divisée d'intérêts politiques et d'opinions religieuses, et il manquait d'argent. Le parlement avait dans son parti la capitale, les villes les plus importantes, et disposait de tous les revenus. Les parlementaires ou *têtes rondes*, ainsi nommés parce qu'ils avaient les cheveux rasés, opposaient le fanatisme religieux et politique au point d'honneur des royalistes ou *cavaliers*.

**56. Olivier Cromwell. Batailles de Newbury et de Marston-Moor. Montrose en Écosse.** — Beaucoup de membres des deux chambres prirent des grades d'officier dans l'armée parlementaire. Olivier Cromwell était l'un d'eux. Issu d'une famille ancienne et noble, Cromwell s'était attaché à la secte des puritains. Il reçut de la chambre des communes un brevet de capitaine, puis il s'éleva au grade de colonel, et enfin, comme récompense des services qu'il rendait, il obtint le titre de lieutenant général.

Le roi, se voyant à la tête d'une armée considérable, assiégea et prit Bristol ; puis il investit la ville de Glocester. Le parlement envoya contre lui le comte d'Essex. Ce général fit lever le siége de Glocester et livra, le 20 septembre 1643, la bataille de Newbury, qu'il ne gagna qu'après une

— Que s'ensuivit-il ? — Quelles étaient les ressources des deux partis ? — 56. Donnez quelques détails sur Olivier Cromwell. — Quels furent les premiers faits de

lutte opiniâtre. L'année suivante, les parlementaires, auxquels s'étaient unis les Écossais, battirent complétement l'armée royale à Marston-Moor et se rendirent maîtres de la ville d'York. Toutefois, ces revers furent un moment réparés. Le général parlementaire, le comte d'Essex, fut réduit, dans les défilés de Cornouailles, à capituler avec une partie de son armée. En Écosse, le marquis de Montrose, dévoué à la cause royale, avait soulevé les highlanders ou montagnards et gagné deux batailles aux portes d'Édimbourg. Charles marchait sur Londres, où le peuple, dans son effroi, fermait déjà les boutiques, lorsqu'on apprit que l'armée royale avait été battue pour la seconde fois à Newbury, et que ce succès était dû surtout au général Cromwell.

**57. Défaite de l'armée royale à Naseby. Charles I^er^ dans le camp des Écossais. Son procès; son supplice.** — Cependant la reine Henriette avait traversé plusieurs fois la mer pour implorer en faveur de son époux l'assistance de la France et de la Hollande : elle n'obtint que de faibles secours. Du reste, partout la fortune se déclarait contre le roi. Sa dernière armée fut vaincue à Naseby par Cromwell (1645). En Écosse, le marquis de Montrose, battu dans plusieurs rencontres, était réduit à quitter le pays. Charles I^er^, découragé, se réfugia dans le camp des Écossais. Ceux-ci n'eurent pas honte de le livrer, ou, pour

la guerre entre les royalistes et les parlementaires? — 57. Quels revers Charles I^er^ essuya-t-il? — Où se réfu-

mieux dire, de le vendre au parlement d'Angleterre pour une grosse somme d'argent.

Cromwell, ayant appris que les membres presbytériens du parlement négociaient avec le roi, le fit enlever du lieu où il était gardé et transférer au palais de Hampton-Court. Puis il marcha sur Londres à la tête de son armée, fit arrêter ou exclure les membres presbytériens du parlement, et alors il obtint de la chambre des communes ainsi mutilée la nomination de trente-huit commissaires chargés d'instruire le procès du roi. Le **20** janvier **1649**, Charles comparut devant ce tribunal. Il déclina avec dignité la juridiction de ses ennemis, et ne fut pas moins condamné à mort. Le roi passa en prières avec l'évêque de Londres les dernières heures qui lui restaient à vivre, et marcha à l'échafaud avec un courage héroïque et une sainte résignation. L'instrument du supplice avait été dressé devant son palais de Whitehall, et c'est là que Charles Ier fut exécuté le **30** janvier **1649**.

gia-t-il? — Que firent les Écossais ? — Racontez le procès et le supplice de Charles Ier.

## CHAPITRE XX.

Espagne. — Philippe II. Révolte des Pays-Bas. Guillaume de Nassau. Le duc d'Albe. — Les sept Provinces-Unies. Conquête du Portugal. Mort de Philippe II. — Philippe III. Philippe IV. Perte du royaume de Portugal.

**58. Philippe II. Révolte des Pays-Bas. Guillaume de Nassau. Le duc d'Albe.** — Philippe II, fils et successeur de Charles-Quint, comptait les Pays-Bas parmi les nombreux États que lui avait légués son père. Les Pays-Bas comprenaient dix-sept provinces, dont sept au nord étaient habitées par les Bataves (Hollandais), qui avaient embrassé le culte protestant. Les Belges occupaient les dix provinces du sud et professaient généralement la religion catholique. Philippe II voulut établir l'inquisition dans les Pays-Bas, gouvernés alors par Marguerite d'Autriche, sa sœur, duchesse de Parme, ou plutôt par son ministre Granvelle. Le despotisme et les rigueurs excessives de ce ministre poussèrent les habitants à secouer le joug espagnol. A la tête des mécontents étaient Guillaume de Nassau, prince d'Orange, surnommé le Taciturne, son frère Louis de Nassau, le comte d'Egmont et l'amiral de Horn. Ils formèrent à Bréda une ligue pour la défense de leurs libertés

Questions. — 58. Pourquoi les Pays-Bas voulurent-ils se soustraire à la domination espagnole? — Quels étaient les chefs des mécontents? — Quels moyens le duc

(1566). « Ne craignez pas cette bande de gueux, » disait à Marguerite un de ses ministres. Les mécontents acceptèrent cette injure, et le surnom de *gueux* fut celui des confédérés. Ils se partagèrent en *gueux de terre, gueux de mer* et *gueux des bois*.

Philippe envoya contre eux le duc d'Albe, qui arriva avec vingt mille hommes. Marguerite, qui avait conseillé vainement la prudence et la modération, ne voulut pas prêter son nom à des actes tyranniques, et résigna tous ses pouvoirs entre les mains du duc d'Albe. Celui-ci créa un tribunal appelé *conseil des troubles*, et que les révoltés nommèrent *tribunal de sang*. Beaucoup de citoyens périrent sur l'échafaud; les comtes d'Egmont et de Horn furent au nombre des premières victimes. Des milliers d'habitants s'exilèrent pour échapper à la tyrannie, et allèrent porter dans d'autres pays leurs richesses et leur industrie.

**59. Les sept Provinces-Unies. Conquête du Portugal. Mort de Philippe II.** — Le prince d'Orange, retiré en Allemagne, ne restait pas inactif. Ayant réuni une petite armée, il osa pénétrer dans le Brabant, où de nombreux partisans se joignirent à lui. Le duc d'Albe venait d'être rappelé en Espagne et remplacé dans le gouvernement des Pays-Bas par le frère de Philippe II, don Juan d'Autriche, qui, après quelques succès, mourut

d'Albe employa-t-il pour réprimer l'insurrection? — 59. Quels furent les successeurs du duc d'Albe? — Que firent les provinces du nord? — Qui nommèrent-elles

de maladie ou empoisonné. Le successeur de don Juan, le célèbre Alexandre Farnèse, duc de Parme, fit rentrer les provinces du sud sous la domination de l'Espagne; mais les sept provinces du nord se constituèrent en république sous le nom de Provinces-Unies (1579), proclamèrent Guillaume d'Orange *stathouder* ou gouverneur général, et renoncèrent solennellement à l'obéissance du roi d'Espagne.

Philippe II trouva une compensation dans la conquête d'un royaume. Le roi de Portugal, dom Sébastien, périt en Afrique (1578), où il combattait les Maures. Son grand-oncle, le cardinal dom Henri, qui lui succéda à l'âge de soixante-dix ans, mourut avant d'avoir réglé sa succession. Philippe II fit envahir le Portugal par le duc d'Albe, et en 1581 il se rendit lui-même à Lisbonne pour recevoir le serment de fidélité de ses nouveaux sujets, qui eurent bientôt à subir toutes les rigueurs d'un gouvernement despotique. Philippe II mourut en 1598, exécré de ses sujets et emportant dans la tombe le surnom de *Démon du midi*. Il léguait à son fils Philippe III un royaume épuisé d'hommes et d'argent.

**60. Philippe III. Philippe IV. Perte du royaume de Portugal.** — Philippe III abandonna le soin des affaires à son favori et premier ministre, le duc de Lerme. Il crut devoir continuer la guerre

pour stathouder? — Racontez la conquête du Portugal. — 60. Quels sont les principaux faits des règnes de Philippe III et de Philippe IV?

que son père avait soutenue contre les Pays-Bas. Ses généraux furent battus par Maurice de Nassau, fils de Guillaume le Taciturne. Philippe III, en signant avec les Provinces-Unies une trêve de douze ans (**1609**), sembla reconnaître leur indépendance. Libre de ce côté, il voulut expulser définitivement les Maures d'Espagne. Il leur ordonna, sous peine de la vie, de sortir du royaume dans le délai de trente jours. Quarante mille Maures s'exilèrent; mais l'agriculture et l'industrie, que cette population avait su rendre florissantes, furent ruinées. Philippe III mourut en **1621**, à l'âge de quarante-trois ans.

Philippe IV, son fils, âgé de seize ans, lui succéda et se laissa gouverner par son premier ministre, le comte-duc d'Olivarès, qui opprima le Portugal sous la plus dure tyrannie. Une conspiration se forma pour affranchir le royaume de la domination espagnole et donner la couronne à Jean, duc de Bragance, descendant de l'ancienne famille royale. Un homme énergique, nommé Pinto, intendant du duc, et les principaux seigneurs du pays étaient les chefs de l'entreprise : elle fut si habilement conduite qu'un seul jour suffit pour l'accomplir. Le duc de Bragance fut reconnu roi, sous le nom de Jean IV, et le Portugal fut définitivement perdu pour la dynastie de Philippe II (**15** décembre **1640**).

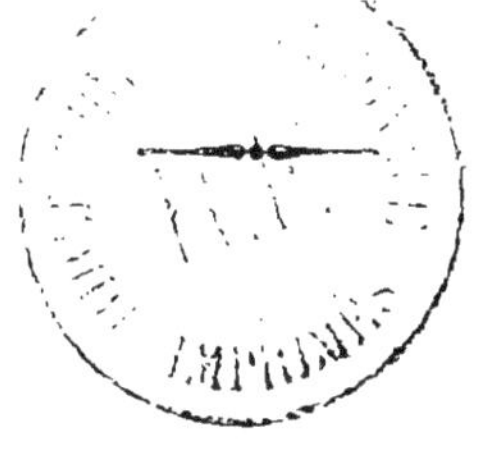

## CHAPITRE XXI.

France. — Louis XIII. Régence de Marie de Médicis. Concini. De Luynes. — Richelieu ministre. Ses desseins. Guerre contre les protestants. Siége et prise de La Rochelle. — Abaissement des grands. Révolte de Montmorency; conspiration de Cinq-Mars. Politique extérieure de Richelieu.

**61. Louis XIII. Régence de Marie de Médicis. Concini. De Luynes.** — Louis XIII, fils et successeur de Henri IV, n'était âgé que de neuf ans. Le parlement déclara régente Marie de Médicis, mère du jeune roi. Elle parut d'abord vouloir suivre la glorieuse politique de son époux, mais elle ne tarda pas à changer de conduite. Malgré les remontrances et les conseils de Sully, elle se rapprocha de l'Espagne et négocia le mariage de Louis XIII avec l'infante Anne d'Autriche. Sully, voyant qu'il n'était plus écouté, se démit de ses charges et se retira de la cour. La reine s'abandonna alors à l'influence du Florentin Concini et de sa femme Éléonore Galigaï, qu'elle avait amenés de Toscane avec elle. Concini fut créé marquis d'Ancre, et, quoiqu'il n'eût jamais porté les armes, il obtint la dignité de maréchal de France. En même temps, il s'enrichissait aux dépens du trésor public. Cette élévation et cette fortune scandaleuses fournirent un prétexte aux grands

Questions. — 61. A qui Marie de Médicis donna-t-elle sa confiance? — Quel usage Concini fit-il de son pou-

seigneurs pour se révolter. Condé se mit à la tête des mécontents. Des négociations amenèrent le traité de Loudun, par lequel les seigneurs se firent donner de grosses sommes d'argent, des pensions, des dignités.

Un gentilhomme nommé Albert de Luynes, placé auprès de Louis XIII pour l'amuser, avait gagné l'amitié et la faveur du prince par son habileté à dresser des oiseaux de fauconnerie. De Luynes persuada au roi de se soustraire à la domination de sa mère et de se débarrasser de Concini, qui se croyait le maître du royaume. Concini fut arrêté sur le pont du Louvre par Vitry, capitaine des gardes, et tué de deux coups de pistolet. Sa femme, Eléonora Galigaï, livrée au parlement, fut condamnée à mort comme sorcière. Marie de Médicis fut exilée à Blois (1617).

Le nouveau favori, Albert de Luynes, ne fut ni moins avide ni moins ambitieux que le maréchal d'Ancre. Créé duc et pair, maréchal de France, il usa de son pouvoir pour s'enrichir et prodiguer à sa famille les dignités et les pensions. Les protestants, toujours en défiance contre les catholiques, manifestaient la prétention de se constituer en un Etat indépendant : la guerre s'ensuivit. De Luynes, nommé connétable, alla assiéger Montauban, une des places que les protestants occupaient. Il échoua, et peu après il mou-

voir ? — Comment périt-il ? — Par qui fut-il remplacé ?

rut de maladie (1621). Le roi poursuivit la guerre avec succès, et imposa bientôt la paix aux réformés.

**62. Richelieu ministre. Ses desseins. Guerre contre les protestants. Siége et prise de La Rochelle.** — Armand du Plessis de Richelieu, évêque de Luçon, conseiller de Marie de Médicis, avait ménagé la réconciliation de cette princesse avec Louis XIII. Nommé cardinal en 1622, il entra au conseil deux ans après, et ne tarda pas à devenir premier ministre. Dès qu'il eut pris la direction des affaires, elles changèrent de face.

Richelieu se proposait trois desseins bien arrêtés : détruire le parti protestant comme parti politique ; abaisser en France les grands seigneurs et les forcer à l'obéissance ; reprendre au dehors la politique de Henri IV, et diminuer la puissance de la maison d'Autriche. Ces trois desseins, il sut les exécuter par la force de son génie et de sa volonté.

Les protestants, préparés à la guerre, étaient décidés à se défendre dans La Rochelle, leur principale forteresse, et ils avaient sollicité l'alliance de l'Angleterre. Richelieu, avec le roi, la noblesse et une puissante armée, alla assiéger la ville ; et, afin de la priver de tout secours du côté de la mer, il fit jeter une digue immense qui fermait l'entrée du port. Après quatorze mois d'une résistance désespérée, La Rochelle, qui avait subi

— Que fit Albert de Luynes ? — 62. Donnez quelques détails sur Richelieu. — Quels étaient ses desseins ? —

toutes les horreurs de la famine, fut forcée de capituler : ses fortifications furent rasées. Le duc de Rohan, chef de l'armée protestante dans le midi, se vit bientôt réduit à signer la paix d'Alais (1629), qui laissa aux protestants le libre exercice de leur culte, mais qui abolit leurs assemblées politiques : ils cessèrent dès lors d'être un État dans l'État.

**63. Abaissement des grands. Révolte de Montmorency; conjuration de Cinq-Mars. Politique extérieure de Richelieu.** — A l'intérieur, Richelieu eut sans cesse à lutter contre les grands, qui ne pouvaient se résigner à subir son autorité et à respecter les lois. Le comte de Chalais, qui avait comploté contre la vie du ministre, et les comtes de Boutteville et de Chapelles, qui, au mépris de la loi, s'étaient battus en duel sur la place Royale, furent condamnés à mort et exécutés. Une autre conjuration fut concertée entre le propre frère du roi, Gaston, duc d'Orléans, le duc de Lorraine et le connétable de Montmorency. Ce fut une véritable révolte. Le duc de Montmorency fut vaincu à Castelnaudary et décapité à Toulouse. Enfin, le jeune Cinq-Mars, grand écuyer de France, que Richelieu avait placé lui-même auprès du roi, conspira la perte de son bienfaiteur et osa signer un traité d'alliance avec l'Espagne. Ses menées furent découvertes, et condamné pour crime de trahison, il mourut sur l'échafaud, à Lyon, avec son ami, Auguste de Thou, coupable

Comment les accomplit-il, d'abord contre le parti pro-

seulement de n'avoir pas révélé le complot dont il avait eu connaissance.

Au dehors, Richelieu prit part à la guerre de Trente ans[1], en soutenant les princes d'Allemagne contre l'empereur. D'abord, il suscita à la maison d'Autriche un redoutable adversaire dans le roi de Suède, Gustave-Adolphe. Quand ce grand capitaine eut péri à Lutzen (1632), Richelieu intervint lui-même dans cette guerre : il opposa aux forces de l'Espagne et de l'empereur cinq armées que commandaient d'habiles généraux, Guébriant, Châtillon, d'Harcourt et Bernard, duc de Saxe-Weimar. Les hostilités furent engagées à la fois dans les Pays-Bas, en Allemagne, en Italie et sur les frontières d'Espagne. Après de glorieux succès, dus à la politique de Richelieu, l'Espagne perdit la plus grande partie de son influence en Europe, et la maison d'Autriche cessa d'être redoutable pour la France.

testant, ensuite contre les grands seigneurs, enfin contre la maison d'Autriche?

1. On appelle ainsi la lutte des princes protestants d'Allemagne contre l'empereur et les princes catholiques, lutte qui dura trente ans, de 1618 à 1648. (Voir le chapitre XXII.)

## CHAPITRE XXII.

Allemagne. — Ferdinand Ier; Maximilien II. Rodolphe II; Mathias. Défénestration de Prague. — La guerre de Trente ans. Période palatine : Frédéric V. Période danoise : Tilly; Waldstein. — Période suédoise : Gustave-Adolphe; batailles de Leipzig et de Lutzen. Période française : victoires de Rocroi, de Fribourg, de Nordlingue et de Lens. Traité de Westphalie.

**64. Ferdinand Ier; Maximilien II. Rodolphe II; Mathias. Défénestration de Prague.** — Charles-Quint, en 1556, avait cédé l'empire à son frère Ferdinand Ier, qui était déjà roi de Bohême et de Hongrie. Doué d'un caractère doux et d'un esprit sage, Ferdinand s'appliqua à maintenir la paix entre les catholiques et les protestants. Maximilien II, son fils aîné, qui lui succéda (1564), modéré et prudent, montra, comme son père, une sage tolérance envers les réformés. La paix de l'empire ne fut troublée que par une guerre contre les Turcs. Soliman le Magnifique envahit la Hongrie, pénétra jusqu'à Belgrade, et mourut devant la petite ville de Szigeth, qu'il assiégeait et qui lui opposa une résistance héroïque (1566). Maximilien régna encore dix ans, et ce furent dix années de bonheur pour ses peuples. Il mourut en 1576.

Questions. — 64. Donnez quelques détails sur les règnes de Ferdinand Ier et de Maximilien II. — Quel était le caractère de Rodolphe II? — Que firent les pro-

Rodolphe II, l'aîné des fils de Maximilien, était loin de ressembler à son père. Enfermé dans son palais avec des savants et des astrologues, il ne prit aucun souci des affaires de l'État. Enhardis par la faiblesse de l'empereur, les protestants fondèrent en **1608** l'*Union évangélique* et reconnurent pour chef l'électeur palatin Frédéric IV. Les catholiques, de leur côté, établirent une ligue défensive qui se donna pour général Maximilien, duc de Bavière. L'archiduc Mathias, frère de Rodolphe, se révolta contre lui, le força à lui céder la Hongrie, l'Autriche, la Moravie, et à le reconnaître comme héritier du trône de Bohême. Rodolphe mourut en **1612**.

Mathias gouvernait l'empire depuis quelques années, lorsque les protestants de Bohême, irrités d'une sentence rendue contre eux par ce prince, se révoltèrent. Le comte de Thurn, leur chef, convoqua les états du royaume et alla demander justice à l'empereur. Mathias fit une réponse dont la dureté offensa les états. Le comte de Thurn se rendit au conseil de régence assemblé à Prague, et fit jeter par les fenêtres trois conseillers dans les fossés du château. Cet événement, connu sous le nom de *défénestration de Prague* (1618), fut le signal d'une guerre qui, durant trente années, embrasa toute l'Allemagne.

**65. La guerre de Trente ans. Période palatine: Frédéric V. Période danoise : Tilly; Waldstein.** —

testants et les catholiques ? — Comment Mathias succéda-t-il à son frère ? — Racontez la défénestration de Prague. — 65. Quelles sont les diverses périodes de la

La guerre de Trente ans, tout à la fois politique et religieuse, se divise en quatre périodes distinctes, où l'électeur palatin, le Danemark, la Suède et la France jouèrent successivement le rôle principal : période palatine (1618-1623); période danoise (1624-1629); période suédoise (1629-1635); période française (1635-1648).

A la mort de Mathias, les Bohémiens refusèrent de reconnaître Ferdinand II pour son successeur. Ils donnèrent la couronne à Frédéric V, électeur palatin. Ce prince se joignit au comte de Thurn et marcha sur Vienne. Ferdinand soutint le siége avec une constance et une intrépidité qui furent couronnées d'un plein succès. Les rigueurs de la saison et la disette forcèrent les Bohémiens à la retraite. Ferdinand, à son tour, envahit la Bohême, et le 16 novembre 1620 il livra près de Prague une bataille dans laquelle les Bohémiens furent mis en déroute. Frédéric V se réfugia en Hollande, et l'empereur usa de la victoire avec une excessive sévérité. Le duc de Brunswick essaya bien de relever le parti de Frédéric, mais il fut complétement battu par le comte de Tilly, qui commandait l'armée impériale. Ce sanglant échec termina la période palatine.

En 1625, une nouvelle ligue se forma contre Ferdinand II; elle avait à sa tête Christian IV roi de Danemark. Jusqu'alors, Ferdinand n'avait soutenu la guerre qu'avec le concours de la Ba-

guerre de Trente ans? — Racontez les principaux faits de la période palatine et de la période danoise. —

vière, dont le comte de Tilly commandait les troupes. Il voulut avoir une armée et un général à lui. Un de ses officiers, le comte de Waldstein ou Wallenstein, le plus riche seigneur de la Bohême, offrit à l'empereur de lever et d'entretenir une armée de cinquante mille hommes, à condition qu'il en aurait le commandement absolu. Son offre fut acceptée, et il tint parole. Avec son armée, composée d'une foule de gens de guerre et d'aventuriers venus de toutes les parties de l'Allemagne, Waldstein, général habile, audacieux, infatigable, soumit la Silésie, le Mecklembourg, la Poméranie, le Holstein. Pendant ce temps, Tilly détruisait l'armée danoise dans une bataille livrée près de Lütter, dans le Brunswick (1626). L'empereur accorda aux Danois une paix humiliante par le traité de Lubeck (1629).

**66. Période suédoise : Gustave-Adolphe ; batailles de Leipzig et de Lutzen. Période française : victoires de Rocroi, de Fribourg, de Nordlingue et de Lens. Traité de Westphalie.** — Enorgueilli de ses succès, Ferdinand ordonna aux protestants de rendre les évêchés, les couvents et tous les biens ecclésiastiques qu'ils s'étaient appropriés depuis la paix d'Augsbourg. Cette mesure les exaspéra ; encouragés par le cardinal de Richelieu, ils appelèrent à leur aide Gustave-Adolphe, roi de Suède. L'empereur ne s'en effraya pas. Il avait disgracié Waldstein et donné le commandement de ses armées au comte de

66. Quels sont les événements les plus remarquables de

Tilly, qui obtint d'abord de rapides succès. Mais Gustave-Adolphe prit glorieusement sa revanche à la bataille de Leipzig (1631), où il remporta une victoire complète. Tilly, battu de nouveau sur les bords du Leck, mourut de ses blessures. Waldstein, rappelé de son exil, fut d'abord vainqueur, et se porta sur la Saxe, qui réclama le secours du roi de Suède. Les deux armées se livrèrent dans les plaines de Lutzen une sanglante bataille (16 novembre 1632). Gustave-Adolphe, déjà vainqueur, tomba mortellement blessé. Le duc Bernard de Saxe-Weimar prit le commandement de l'armée suédoise, acheva la victoire et obligea les ennemis à la retraite.

La mort de Gustave-Adolphe porta un coup fatal à la cause de ses alliés. Les Impériaux reprirent bientôt l'avantage. L'électeur de Saxe fit le premier défection en signant avec Ferdinand II le traité de Prague, et la plupart des princes protestants suivirent son exemple. L'union évangélique fut dissoute (1635). C'est alors que Richelieu, qui poursuivait fermement le dessein d'abaisser la maison d'Autriche, prit une part active et glorieuse à la guerre de Trente ans, comme nous l'avons déjà dit[1]. L'œuvre de Richelieu fut continuée par Mazarin, l'héritier de son pouvoir et de sa politique. Un général de

la période suédoise et de la période française? — Quelles furent les conditions de la paix de Westphalie?

1. Voir le chapitre XXI.

vingt-deux ans, Louis de Bourbon, duc d'Enghien, si célèbre depuis sous le nom de grand Condé, remporte une mémorable victoire sur les Espagnols à Rocroi (1643), défait les Impériaux à Fribourg-en-Brisgau (1644), à Nordlingue (1645), et enfin, dans les plaines de Lens, en Artois (1648), il écrase les débris de l'infanterie espagnole. En Allemagne, Turenne, dont la réputation était déjà faite, battait les Impériaux et menaçait la capitale de l'Autriche. L'empereur Ferdinand III se décida à signer la paix de Westphalie. Les traités signés, l'un à Munster, l'autre à Osnabruck, garantissaient à la France la cession, en toute souveraineté, des Trois-Évêchés (Metz, Toul et Verdun) et de l'Alsace, moins Strasbourg; à la Suède, la plus belle partie de la Poméranie; aux réformés, tous les avantages de la paix d'Augsbourg. La Hollande et la Suisse étaient reconnues libres et indépendantes. Enfin la puissance impériale, annulée en Allemagne, ne fut plus désormais qu'un vain titre d'honneur dans la maison d'Autriche.

## CHAPITRE XXIII.

Angleterre. — La république. Cromwell. Batailles de Dunbar et de Worcester. Acte de navigation. — Protectorat de Cromwell. Rétablissement des Stuarts. Charles II. — Jacques II. Révolution de 1688. Guillaume III et la reine Anne.

**67. La république. Cromwell. Batailles de Dunbar et de Worcester. Acte de navigation.** — Après la mort de Charles Ier, un décret des communes abolit la royauté et proclama la république en Angleterre. La chambre des lords fut supprimée. On créa un conseil d'État composé de quarante membres, au nombre desquels étaient Olivier Cromwell et ses amis les plus dévoués.

L'Irlande était toujours en proie à l'insurrection; Cromwell, nommé lord-lieutenant pour l'Irlande, la soumit en quelques mois. De leur côté, les Écossais avaient proclamé Charles II, fils du dernier roi. Le parlement anglais envoya contre eux une armée commandée par Cromwell. Il battit les troupes royales à Dunbar (3 septembre 1650). Charles prit le commandement de ses troupes : il eut la hardiesse d'entrer en Angleterre. Cromwell le prévint, et le jour anniversaire de la bataille de Dunbar (1651), il le

QUESTIONS. — 67. Quelle forme de gouvernement fut établie en Angleterre après la mort de Charles Ier? — Que firent les Ecossais? — Quel fut le résultat de la ten-

défit complétement à Worcester. Charles II fut réduit à fuir et à se cacher pour échapper à ses ennemis ; enfin, après mille dangers, il arriva en France.

L'orgueil et la puissance de Cromwell ne firent que s'accroître, et le 9 octobre **1651**, il publia le fameux acte de ***Navigation***, qui interdisait à tous les bâtiments autres que les bâtiments anglais l'introduction dans les ports nationaux des productions et des marchandises étrangères. Cet acte était spécialement dirigé contre les Hollandais, qui n'avaient pas voulu refuser des secours aux Stuarts. La guerre éclata entre les deux républiques, et les succès de la marine anglaise forcèrent les Hollandais à accepter cet acte qui ruinait leur commerce.

**68. Protectorat de Cromwell. Rétablissement des Stuarts. Charles II.** — Le parlement, alarmé des desseins ambitieux de Cromwell, cherchait à restreindre le pouvoir de cet homme, qu'il avait comblé d'honneurs. Cromwell, sûr du peuple et de l'armée, se rendit à Westminster avec trois cents soldats et força les députés des communes à quitter leurs siéges et à se retirer. Ainsi finit le Long parlement, qui avait renversé la monarchie. Peu après, Cromwell fut élu et proclamé par le conseil des officiers de l'armée *lord protecteur* de la république d'Angleterre, d'Écosse et d'Ir-

tative de Charles II pour recouvrer le trône ? — Qu'est-ce que l'acte de navigation ? — 68. Comment Cromwell se débarrassa-t-il du parlement ? — Quel titre reçut-il ?

lande (26 décembre 1653). Ce protectorat fut glorieux ; les nations étrangères, et surtout la France, recherchèrent son alliance. Mais l'existence elle-même de Cromwell était loin d'être paisible. Tourmenté par une continuelle défiance, ayant sans cesse des complots à redouter, il mourut à l'âge de 58 ans, le 3 septembre 1658, jour anniversaire de ses victoires de Dunbar et de Worcester.

Richard, son fils, qu'il avait désigné pour son successeur, n'eut ni son ambition ni ses talents. Ami du repos, il ne tarda pas à abdiquer au bout de quelques mois, et vécut ignoré dans son propre pays. Les anciens membres du Long parlement qui s'étaient réunis et les généraux de l'armée se disputaient le pouvoir. Monck, gouverneur de l'Écosse, conçut alors le projet de rétablir les Stuarts. A la tête d'une armée dévouée, il entra en Angleterre; arrivé à Londres, il cassa le parlement et en assembla un autre, qui rappela Charles II. Pas une goutte de sang ne fut versée pour accomplir cette révolution (1660).

Charles II fit son entrée solennelle à Londres, au milieu des acclamations du peuple. Naturellement affable, mais léger par caractère, il sacrifiait les affaires au plaisir. Il ne tarda pas à mécontenter les esprits par des mesures impolitiques. Il persécuta les presbytériens et ralluma ainsi le feu mal éteint du fanatisme. Pour subve-

— Quel fut son protectorat? — Racontez la restauration des Stuarts. — Comment Charles II gouverna-t-il? —

nir à toutes ses prodigalités, il vendit Dunkerque à Louis XIV. Il signa un traité d'union avec la France et déclara à la Hollande une guerre dont l'avantage resta à ses ennemis. Ce prince voulut être roi absolu, et dans les dernières années de son règne il gouverna sans les chambres; mais, en portant ainsi atteinte aux libertés de la nation, il prépara la chute définitive de sa dynastie.

**69. Jacques II. Révolution de 1688. Guillaume III et la reine Anne.** — Charles II, mort sans postérité en 1685, eut pour successeur Jacques II, son frère. Ce prince prit malheureusement pour ministre Jeffries, qui ne le seconda que trop bien dans ses vengeances contre tous ceux qu'on accusait de complots vrais ou faux. Ces cruautés avaient rendu le monarque odieux à ses sujets, lorsque ses persécutions contre les protestants, la suppression du parlement et son projet de rétablir la religion catholique mirent le comble au mécontentement. Un parti puissant appela en Angleterre Guillaume d'Orange, stathouder de Hollande et gendre de Jacques II. Guillaume, qui était ambitieux, ne se fit aucun scrupule de venir détrôner son beau-père. Abandonné de ses soldats, même de tous ses serviteurs, Jacques II se réfugia en France, où Louis XIV lui donna l'hospitalité au château de Saint-Germain (1688). Le 22 janvier 1689,

69. Par quels actes Jacques II se rendit-il impopulaire? — Par qui fut-il détrôné? — Quelle lutte Guillaume III

les deux chambres déférèrent solennellement la royauté d'Angleterre à Guillaume III et à sa femme la princesse Marie. Une nouvelle *déclaration des droits,* signée par les deux époux, réglait les prérogatives des souverains et les libertés de la nation.

Jacques II, avec les secours fournis par Louis XIV, fit quelques tentatives en Irlande; mais, vaincu à la bataille de la Boyne, il se réfugia de nouveau en France. La plns grande partie du règne de Guillaume III fut remplie par la lutte qu'il eut à soutenir contre Louis XIV. Il mourut en 1702; sa femme était morte en 1695. Comme ils ne laissaient point de postérité, la couronne devint l'héritage de la princesse Anne Stuart, deuxième fille de Jacques II et femme de Georges, prince héréditaire de Danemark.

Le règne de cette princesse fut signalé par la rivalité de deux partis puissants, dont l'un, les Whigs, défendait les libertés du peuple; l'autre, les Tories, les droits de la royauté. Tous les deux voulaient également le maintien de la constitution. Anne, plutôt faible que bonne, se laissa diriger jusqu'en 1709 par le fameux duc de Marlborough. De grands faits illustrent son règne : l'intervention glorieuse de l'Angleterre dans la guerre de la succession d'Espagne, les victoires de Marlborough, la conquête de Gibraltar (1704) et la réunion définitive de l'Angle-

eut-il à soutenir? — Racontez les principaux faits du règne de la princesse Anne.

terre et de l'Écosse. Anne mourut en **1714**, sans laisser non plus de postérité. Elle fut la dernière tête couronnée du nom de Stuart sur le trône d'Angleterre.

---

## CHAPITRE XXIV.

France. — Louis XIV. Mazarin et la Fronde. Guerre avec l'Espagne. Traité des Pyrénées. — Gouvernement personnel de Louis XIV. Ses premiers actes. Colbert et Louvois. — Conquête de la Flandre et de la Franche-Comté. Traité d'Aix-la-Chapelle. Guerre avec la Hollande. Paix de Nimègue.

**70. Louis XIV. Mazarin et la Fronde. Guerre avec l'Espagne. Traité des Pyrénées.**—Louis XIV avait cinq ans à la mort de son père. La régence fut confiée à sa mère Anne d'Autriche, et le souverain pouvoir était exercé sous le nom de cette princesse par l'Italien Mazarin, que Richelieu en mourant avait recommandé à la reine. Les finances étaient dans un état déplorable. Mazarin voulut établir de nouveaux impôts, mais il excita un mécontentement général. Le parlement de Paris opposa la plus énergique résistance, et l'on vit alors éclater la guerre civile de la Fronde, dont les principaux chefs étaient le duc de Beaufort, surnommé le roi des halles, à

Questions. — 70. A qui fut donnée la régence après la mort de Louis XIII? — Quel homme fut premier ministre? — A quelle occasion éclata la guerre de la Fronde? — Quelles furent les conditions du traité des Pyrénées?

cause de son éloquence populaire, le prince de Conti, les ducs de Bouillon et de Longueville, et surtout Paul de Gondi, plus connu sous le nom de cardinal de Retz. Turenne et le prince de Condé y furent plus d'une fois opposés l'un à l'autre. Mais cette guerre, à laquelle se mêla le ridicule, au lieu de renverser Mazarin, ne fit que consolider le pouvoir du ministre (1653).

Louis XIV avait été déclaré majeur le 8 septembre 1652. La guerre de la Fronde était calmée. Condé, seul mécontent, se joignit aux Espagnols pour faire la guerre à sa patrie. Mais il fut vaincu par Turenne à la bataille des Dunes (1658). L'Espagne demanda la paix. En 1659, Mazarin signa le traité des Pyrénées, qui donnait à la France l'Artois, le Roussillon, plusieurs villes de la Flandre et du Hainaut, et la plaçait au premier rang en Europe. Cette paix fut cimentée en 1660 par le mariage de Louis XIV avec Marie-Thérèse, fille de Philippe IV, roi d'Espagne.

**71. Gouvernement personnel de Louis XIV. Ses premiers actes. Colbert et Louvois.** — Après Mazarin (1661), il n'y eut plus de premier ministre en titre. Louis XIV, décidé à gouverner par lui-même, s'imposa la loi de travailler deux fois par jour avec ses ministres et de donner six heures aux affaires du royaume; cette loi, il n'y manqua jamais durant le cours de son long règne. Mazarin,

— 71. Quelle résolution Louis XIV prit-il après la mort de Mazarin? — Quels sont les hommes remarquables qui

en mourant, avait recommandé au roi son intendant Colbert comme un des hommes les plus intègres et les plus capables. Louis XIV, après avoir disgracié le surintendant Fouquet, donna l'administration des finances à Colbert avec le titre de contrôleur général. Travailleur infatigable, Colbert mit un tel ordre dans les finances, que, tout en diminuant certains impôts, il augmenta considérablement les produits du trésor. Le commerce et l'industrie, puissamment encouragés, prirent un rapide essor. Pour le commerce extérieur, Colbert créa successivement les compagnies des Indes orientales et des Indes occidentales, du Nord, du Levant et de l'Afrique. Parmi les autres hommes qui mirent leurs talents au service du roi et de la France, il faut nommer Louvois, qui donna à l'armée une forte organisation, créa les hôpitaux militaires, les écoles d'artillerie, les magasins des vivres; Hugues de Lyonne, ministre des affaires étrangères, le plus habile diplomate qu'ait eu jamais la France; Vauban, le plus illustre des ingénieurs, qui fortifia les places frontières de la France, et dirigea en grand capitaine le siége des villes ennemies dans les guerres de cette époque.

Au dehors, Louis XIV sut faire craindre et respecter son nom par une politique ferme et généreuse. Il châtia les corsaires d'Alger et de Tunis, qui infestaient la Méditerranée, et délivra de l'esclavage une foule de captifs chrétiens (1664).

mirent leurs talents au service du roi? — Comment

Vers le même temps, il envoyait six mille hommes, avec l'élite de la noblesse française, au secours de l'empereur Léopold, menacé par les Turcs, et prenait ainsi une part glorieuse à la victoire de Saint-Gothard.

**72. Conquête de la Flandre et de la Franche-Comté. Traité d'Aix-la-Chapelle. Guerre avec la Hollande. Paix de Nimègue.**— Philippe IV, beau-père de Louis XIV, était mort en 1665. Louis XIV réclama comme dot de sa femme la Franche-Comté et une partie de la Flandre. L'Espagne s'y refusa, et Louis lui déclara la guerre. En moins de trois mois, la Flandre fut conquise et la Franche-Comté en trois semaines. La Hollande, effrayée des succès et de la puissance de Louis XIV, signa avec l'Angleterre et la Suède une triple alliance qui arrêta ce prince dans ses conquêtes. Louis XIV conclut la paix d'Aix-la-Chapelle (1668) : il garda la Flandre et rendit la Franche-Comté.

Le roi de France, n'écoutant que son ressentiment contre les Hollandais, fit de nouveaux préparatifs et leur déclara la guerre. Il passe le Rhin (1672), envahit lui-même la Hollande, et en trois mois il s'empare de presque toutes les forteresses de ce pays. La Hollande demande la paix; mais Louis XIV lui impose des conditions si dures, que, dans leur désespoir, ses habitants

Louis XIV fit-il respecter son nom au dehors? — 72. Racontez les principaux faits de la guerre contre l'Espagne et contre la Hollande. — Quelle nouvelle coalition se

inondent leur territoire en rompant les digues qui retiennent les eaux de la mer, et obligent Louis XIV à se retirer.

Le prince d'Orange, qui fut plus tard Guillaume III, roi d'Angleterre, forme contre la France une formidable coalition, dans laquelle entrèrent l'empereur, le roi d'Espagne et la plupart des princes d'Allemagne. Louis XIV lui répond par la prise de Maëstricht (1673). Le prince de Condé tient tête aux ennemis, et l'année suivante Louis envahit de nouveau la Franche-Comté. Turenne défend les frontières de l'Alsace, repousse les Impériaux en Allemagne, et il est tué au moment où tout lui présageait une victoire (1675). Condé le remplace et contient les Impériaux au delà du Rhin. Sur mer, Duquesne détruit les flottes espagnole et hollandaise (1676). Enfin, les Hollandais redemandent la paix, qui est signée à Nimègue (1678). Louis XIV garde ses conquêtes, c'est-à-dire la Flandre et la Franche-Comté, et devient l'arbitre de l'Europe.

forma contre la France? — Quelles en furent les suites? — Quelles furent les conditions de la paix de Nimègue?

## CHAPITRE XXV.

France. — Conquêtes de Louis XIV en pleine paix. Révocation de l'édit de Nantes. Ligue d'Augsbourg. Traité de Ryswyck. — Guerre de la succession d'Espagne. Victoire de Denain. Traités d'Utrecht et de Rastadt. — Siècle de Louis XIV; sciences, lettres et arts.

**73. Conquêtes de Louis XIV en pleine paix. Révocation de l'édit de Nantes. Ligue d'Augsbourg. Traité de Ryswyck.** — Louis XIV, enorgueilli de ses succès, ne sut pas mettre des bornes à son ambition, et il fit servir la paix même à de nouvelles conquêtes. En 1681, il investit à l'improviste et réunit à la France la ville de Strasbourg, qui était restée libre au milieu de l'Alsace devenue française. Dans la guerre de la France contre l'Espagne, la république de Gênes avait soutenu secrètement les ennemis de Louis XIV. Une puissante escadre alla bombarder durant six jours la superbe ville de Gênes, qui fut détruite en grande partie. Les Génois implorèrent la paix, et le doge, malgré la loi qui lui défendait de sortir du territoire de la ville, fut forcé de venir s'humilier devant le grand roi à Versailles (1685).

La même année (1685), Louis XIV, ne pou-

Questions. — 73. Comment Louis XIV abusa-t-il de sa puissance? — Quelle mesure prit-il contre les pro-

vant souffrir qu'il y eût deux religions dans son royaume, signa la révocation de l'édit de Nantes : l'exercice du culte réformé fut interdit, et les ministres protestants reçurent l'ordre de sortir de France. Cette mesure, bien qu'elle ait été alors approuvée par l'opinion publique, ne fut pas moins une grande faute. Elle porta un coup funeste au commerce, à l'industrie, conséquemment à la prospérité de la France. Car beaucoup de familles protestantes s'exilèrent et allèrent porter en Allemagne, en Angleterre et en Hollande leur industrie et leurs richesses.

En 1687, l'Europe forma contre la France une nouvelle coalition sous le nom de ligue d'Augsbourg. Louis prévint les princes ligués en s'emparant de plusieurs places importantes de l'Allemagne. Par ordre de Louvois, le Palatinat fut dévasté ; le duc de Savoie fut battu par Catinat à Staffarde et à la Marsaille. Le maréchal de Luxembourg vainquit le prince d'Orange à Fleurus, à Steinkerque et à Nerwinde ; Tourville, Duguay-Trouin et Jean Bart furent victorieux sur mer. Mais notre flotte essuya un désastre près du cap de la Hogue (1692). Les deux partis étaient épuisés, et crurent nécessaire de faire la paix. Elle fut signée à Ryswyck, le 20 septembre 1697. Louis XIV abandonna la cause des Stuarts qu'il avait soutenus, et reconnut Guillaume III, comme roi d'Angleterre.

testants? — Quelles en furent les conséquences? — Racontez les faits qui signalèrent la nouvelle coalition

**74. Guerre de la succession d'Espagne. Victoire de Denain. Traités d'Utrecht et de Rastadt.** — Charles II, roi d'Espagne, et frère de la femme de Louis XIV, mourut en 1700, ne laissant pas de postérité; mais, par son testament, il instituait comme héritier de sa couronne Philippe, duc d'Anjou, petit-fils de Louis XIV. Ce jeune prince fut proclamé roi sous le nom de Philippe V, et fit son entrée à Madrid en 1701. L'empereur ne voulut pas reconnaître ce nouveau souverain et déclara à la France cette guerre connue sous le nom de *Guerre de la succession*. Il donna le commandement de ses troupes au prince Eugène de Savoie. Guillaume III, irrité de voir que Louis XIV, après la mort de Jacques II, avait reconnu pour roi légitime d'Angleterre Jacques III, fils de ce prince, prit fait et cause pour l'empereur. Anne, qui lui succéda sur le trône d'Angleterre, poursuivit l'exécution des projets de Guillaume, et mit à la tête de ses troupes l'illustre Marlborough. La France essuya les défaites de Hochstedt, de Ramillies et de Malplaquet, et Louis XIV demanda la paix.

Les alliés exigèrent qu'il allât lui-même détrôner son petit-fils. Louis s'y refusa, et fit un dernier effort. Il reprit les armes, et enfin Villars atteignit l'ennemi à Denain, près de Valenciennes, lui fit essuyer une sanglante défaite et releva l'honneur de nos armes (24 juillet 1712).

contre la France. — 74. Quels furent les principaux événements de la guerre de la succession d'Espagne? —

Ce glorieux triomphe détermina les ennemis à signer la paix. Elle fut conclue à Utrecht en **1713** avec l'Angleterre et la Hollande, et en **1714**, à Rastadt, avec l'empereur. Philippe V fut reconnu roi d'Espagne par toute l'Europe. Louis XIV mourut en 1715, à l'âge de soixante-dix-sept ans, après un règne de soixante-douze ans.

**75. Siècle de Louis XIV; sciences, lettres et arts.** — L'administration intérieure fut l'œuvre des ministres de Louis XIV autant que la sienne. Mais ce qui lui appartient plus particulièrement, c'est la protection accordée par lui aux sciences, aux lettres et aux arts, et c'est avec raison que l'on a donné le nom de *siècle de Louis XIV* à la longue période qui a produit les plus brillants génies dans toutes les branches de la littérature, des sciences et des beaux-arts. Louis XIV donnait des pensions aux savants et aux artistes étrangers pour les attirer dans son royaume. Jamais on ne vit une si étonnante réunion de grands écrivains dans tous les genres, d'illustres orateurs de la chaire chrétienne, de célèbres artistes pour la peinture, la sculpture et l'architecture. Parmi les monuments élevés sous le règne de ce prince, il faut mentionner la colonnade du Louvre, l'Hôtel des Invalides et le fastueux château de Versailles, qui coûta des sommes immenses.

Quelles furent les conditions de la paix d'Utrecht? — 75. Donnez quelques détails sur le siècle de Louis XIV.

## CHAPITRE XXVI.

Suède. —Les successeurs de Gustave Wasa. Guerre entre la Suède et la Pologne. Gustave-Adolphe. — Christine. Son abdication. Charles X; Charles XI. — Danemark et Norwége. Christian IV. Frédéric III. Christian V.

**76. Les successeurs de Gustave Wasa. Guerre entre la Suède et la Pologne. Gustave-Adolphe.** — Éric XIV, fils et successeur de Gustave Wasa, était un prince capricieux et irrésolu. Son règne commença par des disputes avec ses frères à propos de l'héritage commun. Entraîné par les conseils d'un favori, il fit arrêter Jean, son frère, et le retint cinq ans en prison. A peine délivré, Jean excita une révolte, assiégea Éric dans Stockholm et le força d'abdiquer. Jean III, une fois maître du pouvoir, fit la paix avec le Danemark et essaya de rétablir en Suède la religion catholique. Mais les remontrances des nobles le rappelèrent au luthéranisme : il mourut en 1592. Son fils Sigismond était alors dans la Pologne, dont il était roi. Son oncle, Charles, duc de Sudermanie, exerça la régence en attendant son arrivée. Sigismond était zélé partisan du catholicisme. Le duc de Sudermanie indisposa les

QUESTIONS. — 76. Racontez les principaux faits du règne des trois premiers successeurs de Gustave Wasa. — Comment Gustave-Adolphe signala-t-il les commen-

Suédois contre son neveu : il se fit décerner la couronne et prit le nom de Charles IX (1604).

Cette usurpation amena une guerre entre la Pologne et la Suède. Les deux premières expéditions de Charles IX furent malheureuses. Une troisième réussit mieux; mais les avantages en furent compromis par le comte de Mansfeld, qui, au lieu de pousser vigoureusement ses conquêtes, perdit le temps à négocier un traité que le roi refusa de ratifier. Charles IX mourut en 1611. Son successeur, l'illustre Gustave-Adolphe, signala sa valeur et son activité dès le commencement de son règne. Il avait été attaqué en même temps par les Russes, les Danois et les Polonais. Il fit la paix avec les deux premiers peuples et força le dernier à abandonner la Livonie. Gustave-Adolphe fut un des plus grands rois de la Suède : il prit, comme on l'a déjà vu, une part glorieuse à la guerre de Trente ans. Mortellement frappé dans les plaines de Lutzen, au milieu de son triomphe, il laissait, pour le remplacer sur le trône, sa fille Christine, âgée de cinq ans.

**77. Christine. Son abdication. Charles X; Charles XI.** — Heureusement pour la Suède, le sénat déploya un grand patriotisme, et il fut secondé par Oxenstiern, le sage et habile chancelier du royaume. Christine, devenue majeure, gouverna avec prudence. Douée d'une remarquable

cements de son règne? — Où périt-il? — Qui laissait-il pour lui succéder? — 77. Quel était le caractère et quel

pénétration d'esprit, passionnée pour les lettres et les arts, elle s'occupa de répandre parmi ses sujets l'instruction et les bienfaits de la civilisation. A l'âge de vingt-sept ans (1654), elle abdiqua en faveur de son cousin, Charles-Gustave, qui fut couronné sous le nom de Charles X. Christine quitta la Suède et parcourut les pays étrangers, séjourna à Bruxelles où elle se fit catholique, à Rome, à Paris, à Fontainebleau, aimant à s'entourer partout des savants les plus distingués. Elle mourut en 1689 à Rome, où elle s'était retirée.

Charles X, successeur de Christine, était un prince guerrier dont le caractère plut aux Suédois. La Pologne refusa de reconnaître ses droits à la couronne de Suède; il lui fit la guerre. Jean Casimir, roi de Pologne, fut vaincu sous les murs de Varsovie, en 1656. Mais les voisins de Charles X, alarmés de sa puissance, se liguèrent contre lui en faveur de Jean Casimir, auquel ils rendirent ses États. Charles X mourut en 1660. Charles XI, son fils, n'avait que cinq ans et ne régna par lui-même qu'en 1672. En 1675, les Danois lui déclarèrent la guerre : il leur fit essuyer deux sanglantes défaites. Ensuite, sa puissance fut affermie par l'alliance française et par le traité de Nimègue (1679). L'aristocratie suédoise avait excité contre elle une haine si profonde, qu'elle amena une révolution complète

fut le gouvernement de Christine? — En faveur de quel prince abdiqua-t-elle? — Quels sont les principaux faits

dans le royaume. Les états investirent la royauté d'un pouvoir absolu et la rendirent héréditaire. Le sage Charles XI n'usa de son autorité que pour la faire aimer. Il mourut en 1697, laissant pour successeur son fils, le fameux Charles XII.

**78. Danemark et Norwége. Christian IV. Frédéric III. Christian V.** — Christian IV fut un des chefs de la ligue protestante contre l'empereur, comme on l'a déjà vu dans la guerre de Trente ans (période danoise[1]). Après le traité de Lubeck, il rentra dans ses États, où il s'occupa d'utiles améliorations : il établit des manufactures, fonda deux villes sur la frontière de Suède et Christiania en Norwége. Il conclut avec la Suède un traité qui mit fin aux hostilités et mourut en 1640.

Son fils, Frédéric III, lui succéda. Les Suédois firent la guerre au nouveau roi et vinrent assiéger Copenhague; mais ils furent forcés par l'énergique défense des habitants de renoncer à leur entreprise. Peu après une révolution importante s'opéra en Danemark. Les états généraux ayant été convoqués en 1660, la bourgeoisie et le clergé s'y réunirent contre les nobles et les dépouillèrent de leur autorité. Le roi fut investi de la direction suprême des affaires, et la couronne

des règnes de Charles X et de Charles XI? —78. Quels événements se passèrent en Danemark pendant les règnes de Christian IV, de Frédéric III et de Christian V?

1. Voir le chapitre XXII.

fut déclarée héréditaire dans la famille de Frédéric III. En 1665, la loi qui sanctionna cette révolution devint commune aux deux royaumes réunis de Danemark et de Norwége. Frédéric III usa noblement de sa puissance ; il fut le père de ses peuples. Christian V, son fils (1670), ralluma la guerre entre le Danemark et la Suède. Les Danois, battus à la journée de Lund (14 décembre 1676), signèrent un traité qui mit fin aux hostilités. Christian V profita de la paix pour donner tous ses soins au gouvernement de ses États. Il mourut en 1699, laissant le trône à son fils Frédéric IV.

---

## CHAPITRE XXVII.

Russie. — Yvan III. La Horde d'or. Yvan IV, le Terrible. — Troubles et anarchie. La dynastie des Romanoff. Michel Féodorowitch. Alexis Fédor III. Avénement de Pierre le Grand. — Pologne. Casimir IV. Sigismond II. Ses successeurs. Sobieski ; ses exploits.

**79. Russie. Yvan III. La Horde d'or. Yvan IV, le Terrible.** — L'histoire de la Russie est peu connue et peu intéressante jusqu'à Yvan III, dit le Grand (1465), regardé comme le vrai fondateur de l'empire russe. Depuis un siècle, les Mongols avaient fondé entre l'Oural et l'Abuta une vaste domina-

Questions. — 79. Quel est le fondateur de l'empire russe? — Comment Yvan III affranchit-il son pays? —

tion connue sous le nom de *Horde d'or*, et qui avait imposé un tribut aux Russes. Yvan résolut d'en affranchir son pays. Il chassa les Tartares après deux expéditions, et se rendit maître de la ville de Kasan. Il prit le premier le titre de *tzar* ou *czar*, de souverain de toutes les Russies. Son fils et successeur Vasili IV soumit à l'obéissance la ville de Kasan, qui s'était révoltée, et fit contre la Lithuanie une guerre heureuse, dont le résultat fut la prise de Smolensk.

Le fils de Vasili, Yvan IV, n'avait que quatre ans à la mort de son père (1533) ; il grandit sous la régence d'Hélène, sa mère. Les boyards ou seigneurs disputèrent à la régente son autorité ; mais elle sut déjouer par sa fermeté toutes leurs tentatives. En 1544, le jeune tzar, âgé de treize ans, se déclara *autocrate*, c'est-à-dire chef suprême et absolu, et déploya dès ce moment ce caractère qui lui a valu dans l'histoire le surnom de *Terrible*. Il eut quelques grandes qualités, mais ses vices furent encore plus grands. Il apaisa tous les troubles, vainquit les Tartares, conquit toute la Sibérie, fonda Arkhangel et, par la prise d'Astrakan, étendit la domination russe jusqu'à la mer Caspienne. Il établit une milice permanente, si fameuse sous le nom de *strélitz;* il favorisa l'industrie et le commerce, fonda des écoles, introduisit l'imprimerie à Moscou et revisa les anciennes lois de la Russie. Dans les dernières années de son

Quel titre prit-il ? — Que fit son fils Vasili IV ? — Ra-

règne, Yvan ne fut plus qu'un affreux tyran, un fou furieux, qui se joua de la vie de ses sujets. Les strélitz furent les terribles exécuteurs de ses vengeances et des caprices de son humeur sanguinaire. Il mourut en 1584.

**80. Troubles et anarchie. La dynastie des Romanoff. Michel Féodorowitch. Alexis Fédor III. Avénement de Pierre le Grand.** — Fédor, fils et successeur d'Yvan IV, était un prince faible et sans caractère. Il abandonna toute l'autorité à son beau-frère Boris Godounow. Celui-ci voulant s'emparer du trône, assassina Démétrius, frère du tzar. Fédor mourut en 1588 et Godounow se fit déclarer tzar. Avec Fédor s'éteignit la dynastie des Rurick. Cet événement fut suivi de quinze années de troubles et d'anarchie qui bouleversèrent la Russie. Plusieurs prétendants disputèrent la couronne à Godounow. Les Polonais et les Suédois profitèrent de ces désordres pour faire la guerre à la Russie et lui enlever plusieurs villes.

Cependant les Russes se réveillèrent de leur engourdissement, firent cesser leurs haines et appelèrent au trône Michel Féodorowitch, qui, par les femmes, descendait de Rurick : ce fut ce prince qui fonda la dynastie des Romanoff (1613). Pour assurer la paix de son empire, il dut faire à ses ennemis des concessions nécessaires et régna

contez le règne d'Yvan IV, le Terrible. — 80. Comment la Russie fut-elle livrée à l'anarchie? — Quel prince fut appelé au trône? — De quels soins s'occupa Alexis? —

paisiblement jusqu'en 1645. Alexis, son fils, eut un règne assez glorieux. Après avoir apaisé des troubles sérieux, il réforma les mœurs de la nation, civilisa son empire, protégea le commerce, ajouta une partie de l'Ukraine à ses États et mourut en 1676.

Son fils Fédor III lui succéda, il ne régna que six ans, pendant lesquels il remporta des victoires sur les Turcs. Il fit les plus grands efforts pour tirer ses sujets de leur profonde ignorance. Mais ce qui montre surtout dans ce prince un esprit de justice et de fermeté, c'est la résolution qu'il prit de détruire les titres et les registres de la noblesse et de les remplacer par un registre et des titres émanant de lui, afin que les distinctions fussent désormais accordées au mérite et à la vertu. Fédor mourut en 1682. Comme il ne laissait point d'enfants, il avait désigné pour son successeur son jeune frère Pierre, âgé de dix ans, au détriment de l'aîné Yvan, qui était incapable de gouverner.

**81. Pologne. Casimir IV. Sigismond. Ses successeurs. Sobieski; ses exploits.** — Casimir IV, fils de Vladislas V, le fondateur de la dynastie des Jagellons, succéda sur le trône à son frère Vladislas VI en 1445. Il se rendit maître de la Valachie, imposa en 1466 aux chevaliers teutoniques un traité qui rendit la Prusse vassale de la Pologne : il combattit les Hongrois et les Tar-

Quelle sage mesure Fédor prit-il? — Qui désigna-t-il pour lui succéder? — 81. Quels sont les faits qui con-

tares avec des alternatives de succès et de revers, et mourut en 1492.

Sigismond II, dit Auguste, devint roi après la mort de Sigismond Ier, son père (1548). De concert avec Radziwill, auquel il était allié par sa femme, il attaqua les Russes et leur fit essuyer une cruelle défaite en 1564. Il réunit à la couronne le grand-duché de Lithuanie. Il mourut en 1572. Il fut le dernier des Jagellons. Sa mort fut le signal de troubles qui dès lors ne cessèrent d'agiter la Pologne. Le trône devint électif, et la diète porta son choix sur Henri, duc d'Anjou. Ce prince quitta furtivement son royaume pour aller succéder au roi de France Charles IX, son frère.

De 1573 à 1674, cinq rois occupèrent le trône jusqu'à Jean Sobieski, si célèbre par la guerre qu'il soutint contre le sultan Mahomet IV, par la conquête de l'Ukraine, et surtout par le puissant secours qu'il apporta à l'empereur d'Allemagne Léopold Ier, dont il délivra la capitale, Vienne, assiégée par le grand vizir Kara Mustapha (1683). Ce fut un des plus grands rois de la Pologne, moins grand toutefois sur le trône que sur le champ de bataille. Il mourut en 1696.

cernent la Pologne sous les rois Casimir IV, Sigismond et Sobieski?

## CHAPITRE XXVIII.

Empire ottoman. — Soliman II; siéges de Rhodes et de Malte. Sélim II; bataille de Lépante. — Mahomet III et ses successeurs. Prise de Candie. Le grand vizir Kouproli. — Achmet III. Mahmoud I^er et ses successeurs. Revers des Turcs. Décadence de l'empire ottoman.

82. **Soliman II; siéges de Rhodes et de Malte. Sélim II; bataille de Lépante.** — Soliman II, dit le Magnifique, avait succédé à son père Sélim en 1520. Ce prince, tout à la fois législateur et conquérant, occupa un rang distingué dans le siècle qui produisit Charles-Quint, François I^er et Gustave Wasa. Dès le commencement de son règne, Soliman ramena à l'obéissance la Syrie et l'Égypte qui s'étaient révoltées, et il enleva Belgrade aux Hongrois. Ensuite, il alla assiéger l'île de Rhodes, possédée depuis deux siècles par les chevaliers de Saint-Jean de Jérusalem (1522). Villiers de l'Ile-Adam, grand maître de l'ordre, secondé par ses intrépides compagnons d'armes, fit une résistance héroïque. Obligé de céder après avoir épuisé toutes ses ressources, il signa une capitulation honorable. Il se retira à Viterbe avec le petit nombre de ses chevaliers survivants, et, en 1530, Charles-Quint leur donna l'île de Malte.

Questions. — 82. Quel était le caractère de Soliman? — Quelles furent ses premières conquêtes? — Racontez le

Soliman fut l'allié de François Ier dans la lutte du roi de France contre l'empereur Charles-Quint. Il envahit la Hongrie, et gagna la sanglante bataille de Mohacz, dans laquelle périt le roi Louis II. Il enleva aux Vénitiens la plupart des îles qu'ils possédaient encore dans l'Archipel. En 1565, Soliman chargea son amiral Dragut d'assiéger et de prendre l'île de Malte ; mais, vaillamment défendue par les chevaliers et leur grand maître Jean de La Valette, elle résista à toutes les attaques des Turcs. L'année suivante, Soliman mourut des suites d'une blessure reçue au siége d'une petite ville de Hongrie.

Sélim II, son fils, lui succéda. Il enleva aux Vénitiens l'île de Chypre, la plus belle de leurs possessions maritimes; mais il eut à soutenir une guerre contre l'Espagne et l'Italie, qui avaient équipé contre lui une flotte de trois cents voiles, à la tête de laquelle était le célèbre don Juan d'Autriche, fils de Charles-Quint. Le sultan fut vaincu dans le golfe de Lépante, où il perdit une partie de ses soldats et de ses vaisseaux (1571). Il mourut trois ans après.

**83. Mahomet III et ses successeurs. Prise de Candie. Le grand vizir Kouproli.** — Mahomet III, son petit-fils (1595), inaugura son règne par le massacre de ses frères. Sa lâcheté égalait sa cruauté. Il fut honteusement battu par le prince de Valachie et par les Hongrois. Il mourut au

siége de Rhodes et celui de Malte. — Quels faits signalèrent le règne de Sélim II? — 83. Racontez les prin-

moment où la Perse lui déclarait la guerre (1603).

Son successeur fut Achmet Ier, son fils, à peine âgé de dix ans. Plus politique que guerrier, il fut vaincu par le shah de Perse, à qui il céda les villes de Tauris et de Bagdad. Sa mort, survenue en **1617**, fut suivie d'une longue anarchie. Son frère, Mustapha, fut déposé après quatre mois de règne et remplacé par Othman II. Les janissaires se révoltèrent contre celui-ci et replacèrent Mustapha sur le trône. Ce prince fut à son tour détrôné au bout d'un an et étranglé dans sa prison par ordre d'Amurat IV, deuxième fils d'Achmet, proclamé par les janissaires. Amurat IV, surnommé l'Intrépide ou le Victorieux, attaqua la Perse, fit capituler Bagdad et conclut la paix avec Venise : il mourut en **1640**, après avoir rendu quelque force à l'empire ottoman, qui penchait déjà vers sa décadence. Ibrahim, son frère et son successeur, était incapable de gouverner. L'habile grand vizir Kouproli prit en main la conduite des affaires. Il débarqua à Candie, ancienne île de Crète, avec quatre-vingt mille hommes, et l'île entière, excepté la capitale, était en son pouvoir, quand Ibrahim mourut en **1648**. Sous Mahomet IV, fils d'Ibrahim, le grand vizir continua de gouverner l'empire avec sagesse et fermeté : il réprima et punit toutes les révoltes, rétablit les finances et la discipline militaire; au dehors, il rendit les Turcs

**cipaux événements du règne de Mahomet III et de ses successeurs. — Comment le grand vizir Kouproli con-**

encore redoutables, en prenant Mételin et Lesbos aux Vénitiens et Peterwardin à l'Autriche. Il mourut en 1661. Son fils lui succéda dans la charge de grand vizir et s'empara définitivement de la capitale de Candie.

**84. Achmet III. Mahmoud Ier et ses successeurs. Revers des Turcs. Décadence de l'empire ottoman.** — Achmet III, fils de Mahomet III, succéda à son frère Mustapha II en 1703. Il signala les premières années de son règne par la conquête de la presqu'île de Morée. En **1711**, il battit Pierre le Grand, fut vaincu par le prince Eugène à Peterwardein (**1716**), et, par le traité de Passarowitz, il perdit Belgrade, une partie de la Servie, de la Bosnie et de la Valachie. Après plusieurs échecs essuyés en Perse, il fut, en 1730, détrôné par les janissaires et forcé d'abdiquer en faveur de son neveu, Mahmoud Ier.

Mahmoud Ier eut à soutenir une guerre contre la Perse, qui lui fit éprouver de grands revers; il fut plus heureux contre la Russie et l'Allemagne, et, après avoir effacé la honte du traité de Passarowitz, il vécut en paix jusqu'à la fin de sa vie (**1754**). Son frère, Othman III, régna trois ans. Mustapha III, neveu d'Othman (**1757**), eut à soutenir une guerre contre les Russes, qui envahirent la Moldavie, prirent Bucharest, et, s'avançant jusqu'au cœur de l'empire ottoman, menacèrent

duisit-il les affaires de l'empire? — 84. Quels revers les Turcs éprouvèrent-ils sous Achmet III? — Quel traité la Russie imposa-t-elle au sultan Abdul-Hamid?

Constantinople. C'est au milieu de ces désastres que mourut Mustapha. Son frère et successeur, Abdul-Hamid (1774), essaya de continuer la guerre; mais après de nouveaux revers il se hâta d'y mettre fin en signant avec la Russie le traité de Kaïnardji, qui déclarait la Crimée indépendante de la Turquie, et qui stipulait en faveur des Russes la libre navigation de la mer Noire et du Bosphore. Malgré ses immenses préparatifs pour une nouvelle guerre contre la Russie, il fut vaincu en 1786 et mourut en 1789. Dès cette époque, l'empire des Turcs était en pleine décadence.

---

## CHAPITRE XXIX.

Russie et Suède. — Pierre le Grand. Ses travaux, ses voyages. Révolte et punition des strélitz. — Charles XII. Guerre entre la Russie et la Suède. Victoire de Charles XII à Narva. Triomphe de Pierre le Grand à Pultava. Charles XII à Bender. Sa mort. — Institutions de Pierre le Grand.

**85. Pierre le Grand. Ses travaux, ses voyages. Révolte et punition des strélitz.** — L'ambitieuse Sophie, sœur de Pierre, voulut faire rendre à Ivan le pouvoir suprême qu'elle espérait exercer en son nom. Elle souleva par ses intrigues les strélitz qui, après une sanglante insurrection,

QUESTIONS. — 85. Donnez quelques détails sur l'enfance de Pierre Ier. — Comment devint-il seul maître

proclamèrent souverains Yvan et Pierre sous la tutelle et la régence de Sophie.

L'enfance de Pierre fut livrée à des flatteurs, qui essayèrent de corrompre son heureux naturel; mais, dès qu'il fut devenu grand, il montra un caractère ferme et déterminé. Sophie essaya une seconde fois de se maintenir au pouvoir, en excitant encore les strélitz à la révolte. Pierre, averti de ce complot, réunit autour de lui des troupes dévouées, punit de mort les chefs des séditieux et relégua sa sœur dans un couvent. Dès ce moment, Pierre I^er^ fut le seul maître de l'empire (**1689**). Son frère Yvan n'eut aucune part au gouvernement, et se contenta jusqu'à sa mort, arrivée en **1696**, de voir figurer son nom dans les actes publics.

Le premier soin de Pierre I^er^ fut d'organiser une force militaire dévouée. Avec l'aide et les conseils du Génevois Lefort, il parvint à discipliner une petite armée de douze mille hommes. La marine aussi attira son attention, et il alla lui-même naviguer à bord des navires marchands qui fréquentaient les ports de la mer Blanche. Il profita de la guerre de la Turquie contre Venise et l'Autriche pour enlever aux Turcs la ville d'Azof, qu'il fortifia et par laquelle il s'ouvrit un débouché sur la mer Noire.

Pierre voulait introduire dans ses États la civilisation, c'est-à-dire les arts et les sciences de l'Europe. Désireux de tout voir et de s'instruire

**de l'empire? — De quels soins s'occupa-t-il d'abord? —**

par lui-même, il quitta Moscou et se rendit en Hollande. Logé dans une petite maison, à Saardam, où se trouvaient les chantiers de l'amirauté, il se fit inscrire au nombre des ouvriers sous le nom de Pierre Michaïloff, et apprit dans tous ses détails l'art de la construction des vaisseaux. De la Hollande il passa en Angleterre, dont il étudia le commerce et l'industrie; il y engagea des ingénieurs et un grand nombre d'artisans qu'il envoya en Russie. Il était à Vienne en Autriche, quand il apprit la révolte des strélitz. Il se hâta de rentrer dans ses États, vainquit les rebelles, les punit avec une cruauté inouïe, et plus tard il détruisit entièrement la milice des strélitz.

**86. Charles XII. Guerre entre la Russie et la Suède. Victoire de Charles XII à Narva. Triomphe de Pierre le Grand à Pultava. Charles XII à Bender. Sa mort.** — Charles XII était monté sur le trône de Suède en 1697. Quelque temps après, Frédéric IV, roi de Danemark, Auguste II, roi de Pologne, et Pierre le Grand se liguèrent contre la Suède. Charles XII ne s'effraye pas. Il attaque d'abord les Danois, les force dans leurs retranchements près de Copenhague, et leur impose les conditions de la paix. De là, il court aux Russes qui assiégeaient Narva et leur fait essuyer une terrible défaite (1700). Puis, franchissant la Duna, où il bat encore les Russes réunis aux Saxons, il envahit la Pologne, se rend maître de

Racontez ses voyages et ses travaux. — 86. Quels princes se liguèrent contre Charles XII ? — Quels furent les suc-

Varsovie, et fait proclamer Stanislas Leczinski à la place d'Auguste II, dont la déchéance est prononcée (1704).

Trop confiant dans ces rapides succès, Charles XII envahit la Russie. Après avoir traversé la Bérésina, il poursuivit jusqu'à Smolensk les Russes qui fuyaient devant lui. Au lieu de marcher sur Moscou, il tourna vers le sud et s'enfonça dans l'Ukraine, pour se joindre aux troupes auxiliaires de Mazeppa, hetman ou chef des Cosaques, avec lequel il avait fait alliance. Il assiégeait la ville de Pultava, lorsque Pierre Ier vint l'attaquer avec une puissante armée et remporta une victoire complète (1709). Charles XII, blessé, s'échappa du champ de bataille et se réfugia en Turquie, où le sultan lui donna asile à Bender. La victoire de Pultava assura au czar la possession de la Livonie, de l'Esthonie et de l'Ingrie. Son allié Auguste II fut remis en possession du trône de Pologne.

Cependant Charles XII, retiré à Bender, ne restait pas inactif. A force de sollicitations, il décida le gouvernement turc à déclarer la guerre à la Russie. Mais Pierre Ier sut habilement faire la paix en accordant des conditions avantageuses au sultan, qui alors ordonna au roi de Suède de sortir du territoire ottoman. Charles s'obstinait à rester, lorsque les fâcheuses nouvelles qu'il

cès du roi de Suède? — Racontez son invasion en Russie et sa défaite à Pultava. — Où se réfugia-t-il? — Pourquoi revint-il dans ses Etats? — Comment périt-il? —

reçut de son royaume, attaqué de tous côtés par ses ennemis, le déterminèrent à retourner en Suède. Voulant se venger d'abord du roi de Danemark, il envahit la Norwége, et périt assassiné devant la forteresse de Frédérickshall qu'il assiégeait (1718).

**87. Institutions de Pierre le Grand.** — Le nombre des institutions de Pierre le Grand est immense. Dans l'espace de cinq ans (1714-1719), il établit le conseil des mines, l'unité des poids et mesures, des écoles d'arithmétique dans toutes les villes de son vaste empire, des maisons d'orphelins, des ateliers de travail pour les indigents, des manufactures de tapisseries, de soieries, de toiles, de draps. En même temps, il ouvrait des routes, faisait creuser des canaux, établissait des imprimeries, des bibliothèques, des académies. Il fonda à l'embouchure de la Néva, sur le golfe de Finlande, la ville de Saint-Pétersbourg, dont il fit sa capitale, au détriment de la vieille cité de Moscou. Pierre Ier, malgré les vices et les cruautés que l'histoire doit lui reprocher, a mérité, par son génie et ses institutions, le titre de *Grand*, que ses sujets lui décernèrent. Il est le véritable créateur de la puissance russe. Il mourut le 17 janvier 1725, laissant la couronne à Catherine, sa femme, qu'il avait fait couronner en 1724.

87. Quelles furent les institutions dues à Pierre le Grand ?

## CHAPITRE XXX.

Espagne. — Philippe IV; Charles II. Philippe V; ministère d'Albéroni. Conquête du royaume de Naples et de la Sicile. — Ferdinand VI. Charles III. Sagesse de son gouvernement. — Portugal. Alphonse VI; Pierre II; Jean V. Joseph Ier. Ministère de Pombal.

**88. Espagne. Philippe IV; Charles II. Philippe V; ministère d'Albéroni. Conquête du royaume de Naples et de la Sicile.** — Le roi d'Espagne, Philippe IV, avait perdu, comme on l'a déjà dit[1], la couronne de Portugal en 1640. En 1647, une révolte des Napolitains, soutenue par le duc de Guise, ne fut apaisée et Naples reprise que par la trahison d'un chef des insurgés (1648). Le 7 novembre 1659, Philippe IV conclut avec la France une paix cimentée par le mariage de sa fille Marie-Thérèse avec Louis XIV, et mourut en 1665, laissant pour héritier son fils Charles II.

Charles II, âgé de quatre ans, était le dernier rejeton de sa race; il traîna jusqu'à trente-neuf ans une débile existence. Sous son règne, la France enleva à l'Espagne une grande partie de la Flandre, plusieurs villes du Hainaut, toute la

Questions. — 88. Quel fut le successeur de Philippe IV? — Quel est le prince que Charles II institua pour son

1. Voir le chapitre XX.

Franche-Comté. Il fut deux fois marié et n'eut pas d'enfants. A trois reprises différentes, Charles II eut la douleur de voir les puissances européennes régler le partage de ses États. Enfin, le duc d'Harcourt, ambassadeur français à Madrid, agit avec tant d'habileté, que Charles II se décida à instituer, pour son héritier universel, Philippe, duc d'Anjou, le second des petits-fils de Louis XIV (1700). Le roi d'Espagne mourut peu après. Ce testament fut la cause de la guerre terrible appelée *guerre de la succession*, dans laquelle, pour soutenir les droits de son petit-fils, Louis XIV eut à lutter pendant douze ans contre la Hollande, l'Angleterre, l'Autriche et l'empire[1].

L'Italien Albéroni, d'une humble condition, s'était élevé par ses talents aux plus hautes dignités de l'Église et de l'État. Cardinal, premier ministre de Philippe V, il voulut relever l'Espagne de sa décadence et consacra à cette œuvre une activité infatigable. Mais les victoires du prince Eugène, la découverte de la conjuration que l'ambassadeur espagnol, le duc de Cellamare, avait formée contre le duc d'Orléans, régent de France, obligèrent Philippe V à renvoyer son ministre et même à l'exiler de l'Espagne (1719).

En 1731, l'infant don Carlos, fils de Philippe V, prit possession du duché de Parme, et

héritier? — Quelle guerre s'ensuivit? — Racontez les

1. Voir le chapitre XXV.

envahit le royaume de Naples à la tête d'une armée considérable. Cette conquête fut bientôt suivie de celle de la Sicile, et cette double acquisition fut garantie à l'Espagne par le traité de Vienne. Philippe V mourut en 1746, à l'âge de soixante-trois ans, et Ferdinand VI, fils de sa première femme, lui succéda sur le trône d'Espagne.

**89. Ferdinand VI. Charles III. Sagesse de son gouvernement.** — Ferdinand VI fut un roi sage, habile et vertueux, qui travailla au bonheur de ses sujets. Il corrigea les abus introduits dans les finances, releva la marine, protégea le commerce, l'agriculture et les arts. Il mourut en 1759, laissant le royaume plus riche et plus prospère qu'il ne l'avait reçu. Son frère, don Carlos, roi de Naples, vint prendre possession de la couronne d'Espagne, et céda la sienne à son fils, Ferdinand IV. Il suivit en tout point l'exemple de son vertueux frère. Il s'unit à la France contre l'Angleterre, qui battit ses flottes et lui enleva plusieurs riches colonies. Quand la paix fut rétablie, il fit de sages réformes dans son royaume, d'après les conseils de son premier ministre, fonda des fabriques d'armes, l'école d'artillerie de Ségovie, restaura la marine militaire et mourut en 1788, regretté de ses peuples. Il fut remplacé sur le trône par son fils Charles IV.

principaux faits du règne de Philippe V. — 89. De quels soins s'occupèrent Ferdinand VI et Charles III ? —

**90. Portugal. Alphonse VI ; Pierre II ; Jean V. Joseph Ier. Ministère de Pombal.** — Jean IV occupa le trône de Portugal jusqu'en 1658. Son règne fut troublé par quelques tentatives infructueuses de l'Espagne qui voulait recouvrer le Portugal. Alphonse VI, son fils, prince faible de caractère, plus faible encore d'esprit, fut victime de l'ambition de Pierre II, son frère, qui, après s'être emparé de la régence, se fit proclamer roi. Le malheureux Alphonse, dont les grands avaient prononcé la déchéance, fut relégué à l'île de Terceire, puis enfermé au château de Cintra, où il mourut après quinze ans de captivité. Pierre II chercha à faire oublier son crime par une administration prudente et ferme, et il transmit la couronne à son fils Jean V, à peine âgé de dix-sept ans (1706).

Depuis le traité d'Utrecht jusqu'à la mort de Jean V (1750), le Portugal ne prit aucune part aux affaires de l'Europe. Jean établit la monarchie absolue, ne convoqua plus les cortès et se livra sans contrainte à toutes ses passions. L'agriculture et le commerce tombèrent en décadence, et l'Angleterre s'empara du commerce de ce malheureux pays.

Joseph Ier succéda à Jean V, son père. C'était un prince ignorant et dont l'éducation avait été fort négligée. Son règne, néanmoins, fut un des

90. Donnez quelques détails sur le Portugal pendant le règne d'Alphonse VI, de Pierre II et de Jean VI. — Comment le ministre de Joseph Ier gouverna-t-il ? — Que

plus brillants de la monarchie portugaise, grâce à son premier ministre, le marquis de Pombal. Cet homme d'État arrêta un moment la décadence de son pays en apportant des améliorations dans toutes les parties de l'administration : les finances, le commerce, l'industrie, la marine, l'armée, furent l'objet de ses soins. Mais, tout en reconnaissant l'importance des services qu'il rendit à son pays, on doit blâmer son despotisme et les moyens violents qu'il employa pour introduire des réformes politiques et religieuses que la nation repoussait. Ce ministre se retira des affaires à la mort de Joseph Ier (1777). La princesse Marie, fille de Joseph, proclamée reine, gouverna sagement. Elle mit un terme à la guerre qui avait éclaté entre l'Espagne et le Portugal au sujet des colonies d'Amérique, et les traités de Saint-Ildefonse et du Pardo (1778) cimentèrent l'union des cours de Lisbonne et de Madrid.

fit la reine Marie pour assurer la paix entre le Portugal et l'Espagne ?

---

## CHAPITRE XXXI.

Prusse et Autriche. — Origines du royaume de Prusse. Frédéric Ier. Frédéric-Guillaume Ier. — Rivalité de la Prusse et de l'Autriche. Frédéric II et Marie-Thérèse. Guerre de la succession d'Autriche. — Guerre de Sept ans. Puissance de la Prusse. Institutions de Frédéric II. Gouvernement de Marie-Thérèse.

**91. Origines du royaume de Prusse. Frédéric Ier. Frédéric-Guillaume Ier.** — Jusqu'au dix-huitième siècle, la Prusse n'avait eu qu'une existence obscure. La dynastie qui la gouverne reconnaît pour son chef un comte de la maison de Hohenzollern qui, pour les services rendus par lui à l'empereur Sigismond, en reçut le margraviat de Brandebourg et le titre d'électeur de l'empire (1417). Un de ses successeurs, Frédéric-Guillaume, surnommé le grand-électeur (1640), accrut considérablement ses États. Par le traité de Westphalie, il obtint la possession de Magdebourg, de Minden, d'Halberstadt, et, en 1656, la souveraineté sur le duché de Prusse. Ce prince agrandit et embellit Berlin, sa capitale, où il établit d'importantes manufactures, éleva le château de Potsdam et fit creuser un canal pour joindre la Sprée à l'Oder.

Frédéric III continua l'œuvre de son père

Questions. — 91. Quelles sont les origines du royaume de Prusse ? — Que fit Frédéric-Guillaume ? — Comment

Frédéric-Guillaume, auquel il succéda en 1688. En récompense des secours de troupes et d'argent qu'il donna à l'empereur Léopold Ier dans les guerres contre les Turcs, il reçut, par le traité de Vienne (1700), le titre de roi, sous le nom de Frédéric Ier, et se fit couronner à Kœnigsberg le 18 janvier 1701. Frédéric Ier prit part à la lutte de l'Europe contre Louis XIV, et acquit encore quelques territoires, entre autres la principauté de Neuchâtel. Il aimait la magnificence dans sa cour et dans les fêtes et comblait de ses libéralités les savants et les artistes. Il fonda l'université de Halle, l'académie de peinture et la société royale des sciences et des belles-lettres de Berlin.

Son fils, Frédéric-Guillaume Ier, lui succéda en 1713, et ce fut l'année même de son avénement au trône que Louis XIV, par le traité d'Utrecht, consentit à le reconnaître comme roi de Prusse. Frédéric-Guillaume n'eut qu'une seule ambition, celle d'accroître les forces militaires de son royaume. Il recrutait partout les hommes les plus grands et les plus robustes, qui formaient le régiment de ses *grenadiers de Potsdam*, soumis, comme du reste toute l'armée, à une rude et sévère discipline. Les entreprises téméraires de Charles XII fournirent à Frédéric-Guillaume un prétexte pour se joindre à la ligue formée contre le roi de Suède. Il y gagna plusieurs villes et une partie de la Poméranie. Ce prince, très-éco-

son fils reçut-il le titre de roi? — De quel soin s'occupa

nome, dédaignait le luxe et l'interdisait même à tous les membres de sa famille; mais il encouragea l'industrie en accordant des priviléges et des récompenses à tous ceux qui établissaient des manufactures dans son royaume. Il mourut en 1740 et laissa à son fils Frédéric II une armée redoutable, commandée par des généraux expérimentés, et un trésor de huit millions d'écus.

**92. Rivalité de la Prusse et de l'Autriche. Frédéric II et Marie-Thérèse. Guerre de la succession d'Autriche.** — Frédéric II avait vingt-huit ans. Dès la première année de son règne, il saisit l'occasion de la mort de l'empereur Charles VI pour satisfaire son ambition impatiente. Charles VI, le dernier descendant mâle de la maison de Habsbourg, voulant assurer son héritage à sa fille Marie-Thérèse, avait obtenu des principales puissances de l'Europe la reconnaissance solennelle de l'acte connu sous le nom de *pragmatique sanction*, et par lequel il léguait à sa fille tous les États héréditaires de sa maison. A sa mort, cinq prétendants revendiquèrent son riche héritage, qui se composait de la Bohême, de la Hongrie, de l'Autriche, de la Silésie et de plusieurs autres provinces importantes. Frédéric II, à la tête de quarante mille hommes, envahit tout à coup la Silésie, qui ne lui opposa qu'une faible résistance, et la victoire de Molwitz, qu'il remporta

surtout Frédéric-Guillaume Ier? — 92. Quelle fut la cause de la guerre dite de la succession d'Autriche? — Quelle province Frédéric II envahit-il? — Quelles puis-

sur les Autrichiens, le rendit maître des villes les plus considérables. La France et la Bavière se déclarèrent alors contre l'Autriche. Une armée française occupa la haute Autriche, et l'électeur de Bavière, Charles-Albert, se fit couronner empereur sous le nom de Charles VII.

Au milieu des dangers qui la menaçaient de toutes parts, Marie-Thérèse montra un courage héroïque. Forcée d'abandonner Vienne, sa capitale, elle se réfugia chez les Hongrois, convoqua la diète à Presbourg et s'y présenta tenant dans ses bras son fils, l'archiduc Joseph, enfant encore au berceau. A cette vue, les magnats[1], saisis d'enthousiasme, s'écrièrent en tirant leurs sabres : « Mourons pour notre roi Marie-Thérèse, » battirent les troupes de Charles VII, et les Français, qui occupaient Lintz, furent forcés de capituler. Peu après, le roi de Prusse, encore vainqueur à Chotusitz, consentit à signer avec l'Autriche le traité de Breslau, qui lui cédait la haute et basse Silésie avec le comté de Glatz (**1742**).

Deux ans après, le roi de Prusse, la France, l'empereur Charles VII et l'électeur palatin se liguaient de nouveau contre l'Autriche. La mort de Charles VII amena bientôt la dissolution de cette ligue. Frédéric II continua seul les hostilités et marcha de succès en succès. Le traité de

sances se déclarérent contre l'Autriche? — Que fit Marie-Thérèse? — Quelles furent les conditions du traité de

1. Nom donné aux membres de la haute noblesse de Hongrie.

Dresde (1745) mit fin à cette guerre et garantit au roi de Prusse la possession de la Silésie; de son côté, Frédéric reconnut l'époux de Marie-Thérèse, François Ier, duc de Lorraine, comme empereur d'Allemagne.

**93. Guerre de Sept ans. Puissance de la Prusse. Institutions de Frédéric II. Gouvernement de Marie-Thérèse.** — Les développements de la puissance de la Prusse inquiétèrent l'Autriche, la France et la Russie, qui voulurent la resserrer dans ses anciennes limites. Frédéric II prévint ses ennemis, envahit brusquement la Saxe (1756), et la guerre de Sept ans commença. Dans cette guerre, il se vit plusieurs fois dans une situation presque désespérée, mais en sortit toujours par son habileté et son énergie. Menacé à la fois par quatre armées, il semblait perdu, lorsque les deux grandes victoires de Rosbach (1757) et de Lissa (1758) lui firent recouvrer toute la Silésie. En 1760, il refoula les Russes en Pologne et reprit les deux tiers de la Saxe. En 1762, ses affaires étaient encore en mauvais état, lorsque Pierre III, successeur d'Élisabeth, impératrice de Russie, admirateur passionné de Frédéric II, fit alliance avec la Prusse. Le traité de Hubertsbourg termina cette guerre, et remit les choses dans l'état où elles étaient sept ans auparavant.

Frédéric II, surnommé le Grand, mourut en 1786 au château de Sans-Souci. Ce prince ne fut

Breslau? — 93. Racontez les principaux faits de la guerre de Sept ans. — Quelles sont les institutions que

pas seulement un habile politique et un illustre capitaine ; il consacra aussi tous ses soins à l'organisation de ses États, réparant les désastres de la guerre, encourageant l'agriculture, l'industrie, le commerce et les arts. Il créa une banque nationale, fonda des hôpitaux, réforma la législation et s'efforça de répandre l'instruction parmi le peuple. Enfin, il sut maintenir dans son royaume le bon ordre par une police sévère et une justice exacte, donnant lui-même l'exemple de la soumission aux lois.

Marie-Thérèse, devenue veuve en 1765, adoucit les regrets de la perte de son époux par les soins qu'elle donna au bonheur de ses sujets : elle fonda des maisons d'éducation, encouragea l'industrie et abolit la torture. Elle abandonna l'administration militaire à son fils Joseph, qui fut proclamé empereur à la mort de François Ier, son père, et qu'elle nomma corégent de ses États héréditaires. Elle mourut en 1780, après avoir reçu de ses peuples le titre glorieux de *Mère de la patrie*.

la Prusse dut à Frédéric II ? — De quels soins s'occupa Marie-Thérèse ? — Quel titre reçut-elle de ses sujets?

## CHAPITRE XXXII.

Danemark, Suède et Russie. — Danemark. Frédéric IV. Christian VI. Frédéric V. — Suède. Successeurs de Charles XII. Factions et désordres. Gustave III. — Russie. Catherine Ire et ses successeurs. Catherine II. Conquête de la Crimée. Partage de la Pologne.

**94. Danemark. Frédéric IV. Christian VI. Frédéric V.** — Frédéric IV, fils et successeur de Christian V, signa la paix avec la Suède après la mort de Charles XII en **1720**. Délivré de la guerre, il donna tous ses soins au commerce extérieur et fonda une compagnie des Indes Orientales. Un terrible incendie détruisit en **1728** une grande partie de la ville de Copenhague : le roi épuisa son trésor pour secourir les victimes de cette catastrophe et accorda aux habitants l'exemption de tout impôt pendant plusieurs années.

Christian VI, son fils (**1730**), signala son règne par des institutions de bienfaisance et par la protection accordée aux sciences. Frédéric V, qui occupa le trône à la mort de son père Christian VI (**1746**), fut un prince remarquable par la sagesse de son gouvernement. Il donna une vive impulsion au commerce du Danemark, et son ministre, l'illustre comte de Bernstorf, le

QUESTIONS. — 94. Donnez quelques détails sur le règne de Frédéric IV et de Christian VI en Danemark. —

seconda puissamment pour les progrès de l'industrie et des manufactures du royaume. Frédéric V fonda à Copenhague l'hôtel des Invalides, le jardin des Plantes et l'Institut d'éducation pour les arts et métiers. Christian VII, son fils, lui succéda en 1766. Ce jeune roi, avide de plaisirs, ne prit aucun souci des affaires. Il se laissa dominer par son médecin et ministre Struensée, qui s'attira le mépris de la nation par son incapacité et les désordres de sa conduite. Les ennemis puissants que ce ministre avait à la cour le firent arrêter et condamner à mort comme coupable de haute trahison. Christian VII, vieilli avant le temps par ses excès, tomba en enfance. Son fils, Frédéric VI, fut associé au gouvernement, mais ne prit le titre de roi qu'à la mort de son père en 1808.

**95. Suède. Successeurs de Charles XII. Factions et désordres. Gustave III.** — En Suède, après la mort de Charles XII, deux rivaux se disputèrent la couronne. Ulrique-Éléonore, sœur du feu roi et femme de Frédéric de Hesse-Cassel, avait déjà gouverné le royaume comme régente pendant les expéditions de son frère: de l'autre côté était Charles-Frédéric, fils d'une sœur aînée de Charles XII et duc de Holstein-Gottorp. Ulrique-Éléonore fut préférée par les états, renonça au pouvoir absolu et accepta une constitution aristocratique. En 1720, elle abdiqua en faveur de son

95. Par qui la couronne de Suède fut-elle disputée après la mort de Charles XII ? — Quelles factions agitèrent le

mari, qu'elle fit reconnaître par les états, et qui prit le nom de Frédéric Ier. Sous le règne de ce prince aussi, deux factions opposées se formèrent au sein des diètes : l'une, qui était le parti français ou *des chapeaux;* l'autre, le parti russe ou *des bonnets.* Frédéric mourut sans enfants en **1751**. Adolphe-Frédéric de Holstein, qui avait été élu comme son héritier dès **1743**, fut couronné roi. Il tenta d'utiles réformes, mais il ne put dominer la faction aristocratique; il abdiqua le **12** décembre **1769** et reprit le pouvoir huit jours après; les sénateurs, abusant de sa faiblesse, empiétaient chaque jour sur son autorité et faisaient peser sur lui un despotisme humiliant lorsqu'il mourut en **1771**.

Gustave III, son fils, lui succéda à l'âge de vingt-six ans. Une lutte implacable éclata aussitôt entre lui et les grands; mais, fort du dévouement de ses troupes, il arrêta tous les chefs du parti des bonnets, et cette révolution, qui s'accomplit en quelques heures, ne coûta pas une goutte de sang. Après cette victoire, Gustave III proclama une amnistie générale. Mais les nobles gardèrent au fond du cœur un vif ressentiment, et Gustave III fut assassiné dans un bal masqué, à Stockholm, le **16** mars **1792**. Le duc de Sudermanie, frère de Gustave III, fut chargé de la régence pendant la minorité de Gustave IV.

**96. Russie. Catherine Ire et ses successeurs.**

royaume sous Frédéric Ier ? — Quelle révolution Gustave III accomplit-il ? — Comment périt ce prince ? —

**Catherine II. Conquête de la Crimée. Partage de la Pologne.** — Catherine Ire ne survécut que deux ans à son mari. Ses successeurs, jusqu'à l'avénement de Catherine II, méritent à peine d'être nommés. Ce furent Pierre II (1727), petit-fils de Pierre le Grand, jeune prince qui mourut à l'âge de seize ans ; Anne Ivanovna (1730), nièce de Pierre le Grand, duchesse douairière de Courlande, dont le favori Biren n'usa de l'autorité, qu'elle lui abandonna tout entière, que pour faire périr ses ennemis ou les exiler dans les déserts de la Sibérie ; Élisabeth Pétrovna (1741), seconde fille de Pierre le Grand, qui s'empara du trône au préjudice du jeune Yvan VI, qu'elle enferma dans une forteresse ; enfin Pierre III (1762), qui périt assassiné, victime d'un complot tramé entre sa femme Catherine d'Anhalt, qui lui succéda, et quelques nobles dévoués à cette princesse.

Catherine II ne manquait ni de talents ni d'énergie, mais elle était ambitieuse et sans scrupules. A peine assise sur le trône, où elle était montée par un crime, elle fit la guerre aux Polonais et les força à proclamer roi de Pologne une de ses créatures, Poniatowski, sous le nom de Stanislas-Auguste. Les catholiques polonais formèrent une confédération pour la défense de leur religion et de leur indépendance. Sur ces entrefaites, le sultan, alarmé des desseins ambitieux de la Russie, déclara la guerre à Cathe-

96. Quels furent les successeurs de Catherine Ire ? — Comment Catherine II arriva-t-elle au trône ? — Ra-

rine II. Les armées russes eurent partout l'avantage. D'un autre côté, les confédérés polonais essayèrent vainement de prolonger leur résistance, et alors eut lieu le premier démembrement de la Pologne au profit de la Russie, de la Prusse et de l'Autriche, qui s'étaient concertées pour cet inique partage (1772). Deux ans après, la Turquie, épuisée par ses pertes, demanda la paix et signa le traité de Kaïnardji, qui assurait aux Russes la libre navigation de la mer Noire et reconnaissait l'indépendance de la Crimée. Mais ce n'était pas assez pour l'ambitieuse Catherine II. Au mépris du dernier traité, elle chargea Potemkin, un de ses généraux, d'envahir la Crimée (1783), qui fut soumise et réunie à l'empire russe. Les Polonais ayant modifié leur constitution, Catherine II, d'accord avec la Prusse et l'Autriche, fit occuper le pays par ses troupes, ordonna au faible Stanislas-Auguste d'abdiquer, et la Pologne fut une seconde fois démembrée (1793). Les Polonais, indignés, se soulevèrent et prirent les armes, commandés par le brave Kosciusko; mais trop faibles contre les armées réunies de la Russie, de la Prusse et de l'Autriche, ils succombèrent après une résistance héroïque. Un troisième et dernier partage consomma la ruine de la malheureuse Pologne (1795). Deux ans après, Catherine II mourut, laissant pour successeur son fils Paul I^er^.

contez le premier partage de la Pologne. — Quels furent les succès de la Russie dans la guerre contre la Turquie? — Comment fut consommée la ruine de la Pologne?

## CHAPITRE XXXIII.

Angleterre. — Georges Ier. Tentative des Stuarts. Georges II. Le ministre Walpole. — Le prétendant Charles-Édouard. Le ministre William Pitt. Guerre avec la France. — Georges III. Conquête de l'Inde. Soulèvement des colonies d'Amérique; Washington; indépendance des États-Unis.

**97. Angleterre. Georges Ier. Tentative des Stuarts. Georges II. Le ministre Walpole.** — La reine Anne était morte en 1714. La loi de succession, qui excluait du trône les membres catholiques de la famille des Stuarts, appela au trône Georges Ier, fils d'Ernest-Auguste, premier électeur de Hanovre, et de la princesse Sophie, petite-fille de Jacques Ier. Il était âgé de cinquante-quatre ans. Son avénement fut marqué à l'intérieur par des agitations qui enhardirent les Stuarts à revendiquer leurs droits. En Écosse, leurs partisans, désignés sous le nom de jacobites, proclamèrent Jacques III, fils de Jacques II, qui se faisait appeler le chevalier de Saint-Georges. Cette tentative échoua complétement. Le prétendant n'osa pas livrer bataille aux troupes qui lui étaient opposées et repassa en France (1715). Georges Ier usa cruellement de la victoire : la plupart des seigneurs qui avaient soutenu la cause de Jac-

QUESTIONS. — 97. Quel prince fut appelé au trône d'Angleterre après la mort de la reine Anne? — Quelle fut l'issue de la tentative du chevalier de Saint-Georges? —

ques III périrent sur l'échafaud. Georges était allé en Allemagne pour s'occuper des affaires de son électorat de Hanovre, lorsqu'il mourut en 1727.

Georges II, son fils, lui succéda. Robert Walpole, qui avait eu la confiance de Georges Ier, resta premier ministre sous le nouveau monarque, et afficha publiquement un système de vénalité qui mit le parlement à sa solde. Mais, tout en flétrissant la corruption qu'il employa comme moyen de gouvernement, il faut reconnaître qu'il rendit de grands services à l'Angleterre, dont il rétablit le crédit et accrut la puissance maritime. Il sut se maintenir au pouvoir, malgré la haine de ses adversaires. Cependant, à la suite d'une guerre avec l'Espagne, dans laquelle le gouvernement anglais essuya des échecs, Walpole fut obligé de résigner ses fonctions (1742).

**98. Le prétendant Charles-Édouard. Le ministre William Pitt. Guerre avec la France.** — Charles-Édouard, fils du chevalier de Saint-Georges, renouvela, en 1745, la tentative de son père. A peine débarqué en Ecosse, il vit accourir autour de lui un grand nombre de montagnards. Vainqueur à Preston et à Falkirk, il fut complétement battu à Culloden par le duc de Cumberland, et cette défaite ruina ses espérances. Le duc de Cumberland souilla sa victoire par d'horribles

Comment Georges Ier usa-t-il de la victoire? — Quel fut l'administration de Walpole? — 98. Racontez l'expédi-

cruautés, qui lui valurent le surnom de *boucher*. Quant au malheureux Charles-Édouard, sa tête fut mise à prix : traqué comme une bête fauve, il erra pendant cinq mois de retraite en retraite au milieu de fatigues et de périls inouïs. Du moins, parmi les Écossais de toute condition auxquels il dut se confier, pas un seul ne songea à le trahir. Enfin, il réussit à s'embarquer pour la France.

En **1755**, la guerre éclata entre la France et l'Angleterre au sujet des limites de leurs possessions d'Amérique. Les hostilités eurent lieu aussi en Allemagne, où les Anglais essuyèrent d'humiliants revers. Georges II prit alors pour ministre William Pitt, créé plus tard comte de Chatham, un des hommes d'État les plus illustres d'Angleterre. Dès que ce ministre eut pris la direction des affaires, il poussa vigoureusement la guerre du côté de l'Amérique. Les Anglais se rendirent maîtres du cap Breton. Peu après, le brave général français marquis de Montcalm périt dans un combat livré près de Québec; la prise de cette ville et celle de Montréal entraînèrent la perte du Canada pour la France. Georges II mourut, en **1760**, au milieu de ces brillants succès.

**99. Georges III. Conquête de l'Inde. Soulèvement des colonies d'Amérique; Washington; indépen-**

tion de Charles-Édouard. — Quel homme illustre devint premier ministre sous Georges II? — Comment la France perdit-elle le Canada? — 99. Racontez la guerre de la

**dance des États-Unis**. — La compagnie anglaise des Indes, depuis sa fondation en 1600, avait pris un accroissement considérable, et en 1702 ses possessions étaient partagées en trois présidences, Bombay, Madras et Calcutta ; mais elle avait une rivale redoutable dans la compagnie française qui possédait Pondichéry, Chandernagor et une grande étendue de territoire. Deux hommes de génie, La Bourdonnaye et Dupleix, essayèrent de donner à la France l'empire des Indes ; mais, jaloux l'un de l'autre, ils ne surent pas s'entendre, et d'ailleurs ils furent abandonnés par le gouvernement de Louis XV. Les Anglais, après avoir ruiné Pondichéry et Chandernagor, se rendirent maîtres du Bengale (1761). Plus tard, ils firent la guerre aux souverains indiens, au sultan de Mysore, Hyder-Ali, et à son fils Tippou-Saëb, qui, après une longue résistance, succombèrent, et dès lors la domination anglaise dans l'Inde fut définitivement établie.

Depuis le règne d'Élisabeth, les dissidences religieuses et d'autres motifs avaient déterminé un grand nombre d'Anglais à émigrer dans l'Amérique du Nord, où ils avaient successivement fondé des colonies, qui, en 1770, étaient au nombre de treize : Virginie, Massachusetts, Rhode-Island, Connecticut, New-Hampshire, Maryland, Delaware, New-York, New-Jersey, Pensylvanie, Caroline du Nord, Caroline du Sud,

France avec l'Angleterre pour la possession de l'Inde. — Quel en fut le résultat ? — Racontez la guerre de l'in-

Georgie. Le gouvernement anglais, ayant besoin d'argent, voulut imposer aux colonies des droits d'entrée sur certaines marchandises. Les Américains refusèrent de se soumettre à cet impôt et s'organisèrent pour la résistance. Un congrès convoqué à Philadelphie (1774) confia le commandement général des troupes à Georges Washington, représentant de la Virginie; puis, les hostilités ayant commencé, il prononça la séparation des colonies d'avec la Grande-Bretagne et proclama leur indépendance sous le titre d'États-Unis d'Amérique (1776). Les Américains eurent d'abord quelques succès, bientôt suivis de revers. Mais les choses changèrent de face lorsqu'un traité d'alliance, que l'illustre Franklin[1] était venu négocier à Versailles, fut conclu entre la France et les États-Unis. Louis XVI envoya six mille hommes commandés par Rochambeau avec une escadre de dix vaisseaux, et un grand nombre de gentilshommes français allèrent volontairement combattre dans les rangs des Américains. Washington, qui jusqu'alors avait conduit la guerre avec une habileté et une prudence consommées, put la pousser plus vigoureusement. Le général anglais Cornwallis, enfermé dans York-Town, fut forcé de se rendre avec son ar-

dépendance des colonies américaines. — Quelle part la France y prit-elle?

1. Recommandable par ses vertus comme citoyen, Franklin n'est pas moins illustre comme savant : c'est à lui qu'est due l'invention du paratonnerre.

mée. Cette capitulation décida du sort de la guerre. L'Angleterre se résigna à faire la paix et, par le traité de Versailles (1783), reconnut l'indépendance des États-Unis. Le règne de Georges III devait se prolonger encore jusqu'en 1820.

---

## CHAPITRE XXXIV.

France. — Louis XV. Régence du duc d'Orléans. Ministères du duc de Bourbon et du cardinal de Fleury. Guerres extérieures. — Ministère du duc de Choiseul. Le chancelier Maupeou. Lutte contre les parlements. — Louis XVI ; ses premiers actes. Ministère de Necker. Guerre d'Amérique. Ministères de Calonne et de Brienne. Convocation des états généraux. — Révolution française.

**100. Louis XV. Régence du duc d'Orléans. Ministères du duc de Bourbon et du cardinal Fleury. Guerres extérieures.** — Contrairement aux volontés que Louis XIV avait exprimées dans son testament, qui fut annulé par le parlement, le duc d'Orléans fut déclaré régent pendant la minorité de Louis XV. Les finances étaient dans un état déplorable. Un financier écossais, Law, fit adopter au régent la création d'une banque où le papier-monnaie devait remplacer la monnaie d'or et d'argent, et d'une compagnie générale des Indes, pour exploiter le commerce des colonies. Ce fut un engouement universel, mais qui ne fut pas

Questions. — 100. A qui fut donnée la régence pendant la minorité de Louis XV? — Qu'était-ce que le sys-

de longue durée; car le système de Law aboutit à une effroyable banqueroute qui bouleversa toutes les fortunes.

Le duc d'Orléans mourut en 1723, et Louis XV, entré dans sa quatorzième année, avait atteint sa majorité. Le duc de Bourbon, indigne descendant du grand Condé, devenu ministre, faillit ébranler la paix de l'Europe en renvoyant une infante d'Espagne pour faire épouser au roi Marie Leckzinska, fille de Stanislas, roi de Pologne détrôné. Il se rendit tellement impopulaire, qu'il fut exilé de la cour en 1726, et remplacé par le vieux cardinal de Fleury, ancien précepteur du roi, qui conserva la direction des affaires jusqu'à sa mort (1743). Ce ministre diminua quelques impôts; mais, économe jusqu'à la lésinerie, il laissa dépérir la marine et négligea le commerce et l'industrie.

Ce fut pendant son ministère que commença la guerre relative à la succession de Pologne (1733-1735), terminée par le traité de Vienne, qui assurait la Lorraine à Stanislas, beau-père de Louis XV, en dédommagement du trône de Pologne qu'il avait perdu. Vint ensuite la guerre de la succession d'Autriche, où la France prit parti contre Marie-Thérèse. Dans cette guerre, les armées françaises, commandées par le maréchal de Saxe, furent victorieuses à Fontenoy, à Raucoux et à Lawfeld (1745, 1746, 1747). Mais

tème de Law? — Quels en furent les résultats? — Quels événements eurent lieu sous le ministère du duc de

notre marine essuya de la part de l'Angleterre de graves revers. La paix d'Aix-la-Chapelle (1748) n'eut aucun résultat avantageux pour la France.

**101. Ministère du duc de Choiseul. Le chancelier Maupeou. Lutte avec les parlements.** — Toutes ces guerres avaient épuisé le pays. Le duc de Choiseul s'efforça de remédier au mal, en unissant les Bourbons de France, d'Espagne et d'Italie par le traité dit *pacte de famille* (1761). Il réunit à la France la Lorraine (1766) et l'île de Corse (1768); il améliora l'armée et rétablit la marine. Renversé par les puissants ennemis qu'il avait à la cour (1770), il céda la place à l'abbé Terray, contrôleur des finances, et au chancelier Maupeou. Sous ces ministres, les plus graves abus se glissèrent dans toutes les parties de l'administration, et chaque année les dettes de l'État et les impôts augmentaient dans une proportion effrayante.

Le parlement essaya d'adresser au roi quelques remontrances. Il fut exilé par le chancelier Maupou (1771) et remplacé par un conseil supérieur dévoué à ce ministre. Ces mesures violentes irritèrent les esprits. Le gouvernement de Louis XV se déconsidérait encore, au dehors, en laissant démembrer la Pologne; à l'intérieur, en patronnant une association dite *pacte de famine* pour l'accaparement des grains : les accapareurs pro-

Bourbon et sous celui du cardinal de Fleury? — 101. Que fit le duc de Choiseul? — Par qui fut-il remplacé? — Pourquoi le parlement fut-il exilé? — Comment le gou-

voquaient une hausse considérable sur le prix des blés et réalisaient ainsi des bénéfices scandaleux. La disette amena des troubles en Normandie : le parlement de Rouen voulut poursuivre les spéculateurs, le gouvernement s'y opposa.

**102. Louis XVI. Ses premiers actes. Ministère de Necker. Guerre d'Amérique. Ministères de Calonne et de Brienne. Convocation des états généraux. Révolution française.** — Louis XVI, petit-fils de Louis XV, avait vingt ans à son avénement au trône (1774). Il était doux et bon, mais indécis et timide ; animé des meilleures intentions, il manqua de la force nécessaire pour les réaliser. Les commencements de son règne furent heureux : il rappela les parlements, diminua les impôts. supprima les corvées et abolit la torture. Il appela au ministère le comte de Maurepas, qui eut la principale autorité, et avec lui deux hommes de bien, Turgot, contrôleur général des finances, et Malesherbes, ministre de la justice. Mais ces deux ministres, rebutés par les obstacles que les privilégiés leur suscitaient, furent obligés de se retirer, sans avoir pu opérer les réformes qu'ils méditaient et qui auraient peut-être sauvé la monarchie.

Necker, banquier genevois, fut chargé de l'administration des finances (1776). Il contracta

vernement se déconsidérait-il ? — 102. Quel était le caractère de Louis XVI ? — Quels furent ses premiers actes ? — Quelle part la France prit-elle à la guerre de

des emprunts qui permirent du moins de soutenir la guerre de l'indépendance de l'Amérique, guerre dans laquelle la marine française, avec des chefs tels que Lamothe-Piquet, d'Estaing, le bailli de Suffren, lutta glorieusement contre la puissante marine anglaise. Mais les frais de la guerre d'Amérique avaient gravement obéré le trésor. En 1781, Necker publia le compte rendu des finances du royaume, et il démontra l'insuffisance des revenus pour couvrir les dépenses. Il demanda des réformes, ne fut pas écouté et se retira. Calonne, successeur de Necker, fit un instant illusion, en dépensant beaucoup pour donner à croire que l'État était riche. Avec ce système, il épuisa le crédit et accrut la dette publique. Il fut disgracié et remplacé par Loménie de Brienne, archevêque de Toulouse, qui voulut établir de nouveaux impôts. Le parlement refusa de les enregistrer et demanda la convocation des états généraux. Le roi résista d'abord, mais finit par céder. Necker fut rappelé au ministère, et les états généraux furent convoqués à Versailles pour le 5 mai 1789. Ici commence la Révolution française, qui amena la chute de la monarchie, et dont les graves événements se confondent avec les faits de l'histoire contemporaine.

l'indépendance de l'Amérique? — Que demanda le parlement? — A quelle époque les états généraux devaient-ils se réunir?

FIN.

# TABLE DES MATIÈRES.

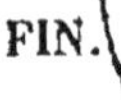

FIN.

www.ingramcontent.com/pod-product-compliance
Ingram Content Group UK Ltd.
Pitfield, Milton Keynes, MK11 3LW, UK
UKHW020145220726
13923UKWH00001B/378